KOMPA...

Die KOMPASS-Wanderkart ...
Tal – Venter Tal", zeigt das ...
ses Tal zieht sich von Süd n...
schen und Brenner in die Ö...
beiden Gebirgsgruppen set...
Timmelsjochs fort.
Auf dem Kartenblatt erkennt ... ...chen: Das Kaunertal, das Pitztal und das ... ...ist die Nord-Süd-Richtung gemeinsam. Nahezu parallel dazu verlaufen die Gebirgsketten, von Westen nach Osten sind dies: Der Glockturmkamm, der Kaunergrat und der Geigenkamm. In den Ötztaler Alpen liegen gewaltige Gletschermassive, so z. B. der Weißkamm, mit der zweithöchsten Erhebung Österreichs, der Ötztaler Wildspitze, 3768 m. Die höchsten Erhebungen im Süden, z. B. im Schnalskamm bilden zugleich die Staatsgrenze zwischen Österreich und Italien. Im Süden und im Osten (Passeier Tal) des Kartenblattes erstreckt sich auf Südtiroler Gebiet der Naturpark Texelgruppe. Der im Nordosten stehende Gebirgsstock, die Stubaier Alpen, steigt mit vielen Dreitausendern bis zum höchsten Gipfel, dem Zuckerhütl, 3507 m. Die Ötztaler Alpen sind das klassische Gebiet für Schitouren; so sind auch viele alpine Schitouren in dieser Karte eingetragen. Die weiten Gletscherflächen bieten oft schöne Strecken für Abfahrten und die Möglichkeit dabei auch Gipfel, z. B. Hochwilde, Weißkugel und Weißseespitze zu besteigen. So sind auch viele Schutzhütten Stützpunkte im Frühjahr und Sommer. Besonders in der Gletscherregion sind neben dem schifahrerischen Können auch viel bergsteigerisches Wissen und Erfahrung notwendig.
Geologisch sind es zwei Zonen, die sich deutlich voneinander abgrenzen: Die nördliche mit ihren zum Teil bizarren Formen besteht aus echten Orthogneisen, die als schmelzflüssige Masse aus dem Erdinnern in die Schichtgesteine eingedrungen ist. Im Kaunergrat finden wir Biotitgranitgneise mit überwiegend Quarz und Feldspat. Dagegen sind südlich der Linie, die durch die Orte Langtaufers – Gepatsch – Mittelberg – Sölden gekennzeichnet ist, Schiefergesteine und Gneisglimmerschiefer anzutreffen. Die Bergformen sind hier abgerundet und entgegen der nördlichen Zone nicht mehr so schroff. Südlich des Schnalskamms sind es dagegen verschiedene Glimmerschieferarten. Im Bereich des Zentralhauptkamms im Gurgler Gebiet (zwischen Königskogel und Karlesspitze) herrschen graue Granatglimmerschiefer vor. Dort finden sich auch dunkelgrüner Amphibolit, gelbe Quarzite, Granate bis zur Faustgröße und dunkelgrüne Hornblende. In den Stubaier Alpen sind auf dem Urgebirgssockel Triaskalkschollen aufgesetzt, die durch Verwitterung in Zacken und Türme zerbrochen sind und der Hochgebirgslandschaft ihren besonderen Reiz verleihen. Im gesamten Gebiet der beiden Gebirgsgruppen wird eine Fläche von rund 350 qkm von Gletschermassen bedeckt. Diese Eismassen sind es, die durch Aushobelung der Talfurchen und durch ihr Geschiebe das Gelände dauernd verflachen helfen. So erklärt es sich auch, daß die aus den Eismassen herausragenden Gipfel meist harmlose Felsgebilde sind, die durch die Arbeit der Gletscher ihre frühere zackige Form verloren haben.

Der kontinentale **Klimacharakter** – wenig Niederschläge, kalte und schneereiche Winter, trockene und warme Sommer – läßt nur solche Pflanzen aufkommen, die diesen Gegensatz vertragen. Tannen und Buchen sind hier nur selten anzutreffen. In den mittleren Lagen finden sich Fichten- und Lärchenwälder, Bergahorn, Bergulme und Eberesche. Lärchen und Zirben bilden fast überall die Waldgrenze, die bei ca. 2200 m liegt. Die schönsten Zirbenhochwälder findet man im einsamen Radurscheltal. An seltenen Pflanzen wächst in großer Höhe das feine Gamshaar, die Spinnwebhauswurz und das Schrofenrösl (Roter Platenigl): Aber auch Edelraute, Bergnelkenwurz und die goldenen Sterne der Gamswurz sind mancherorts anzutreffen. Über dem 3000 m-Gürtel ist keine geschlossene Grasdecke mehr zu finden. Die wenigen Blumen haben hier einen kräftigen, farbenfrohen Wuchs, die Blätter sind meist behaart und von moosigen Polstern geschützt. Diese bewahren die Pflanzen vor dem Austrocknen.
Dem Bergsteiger wird manchesmal auf Gletschern „roter Schnee" auffallen. Diese Erscheinung wird durch mikroskopisch kleine Algen hervorgerufen, die als Folge massenhaften Auftretens dem Auge sichtbar werden.
Bitte Pflanzenschutzgesetz beachten! Das Pflücken von Alpenblumen sollte in jedem Fall unterlassen werden. Nicht nur der gesetzliche Hinweis auf den Schutz einer ganzen Reihe solcher Hochgebirgspflanzen sollte den Wanderer und Bergsteiger davon abhalten, Blumen zu pflücken, junge Bäume auszureißen und mit nach Hause zu nehmen.
Das Gebiet der Ötztaler und Stubaier Alpen ist für den Wildreichtum bekannt. In den Mittelregionen kommen alle bekannten Tierarten der Alpen vor, besonders zahlreich das Rotwild. Im Hochgebirge begegnen dem Bergsteiger vor allem die Gemsen, die Murmeltiere und die Adler. An einigen Stellen ist auch das scheue Steinwild angesiedelt.

Wildspitze, 3768 m, vom/from/dal Mittelbergjoch

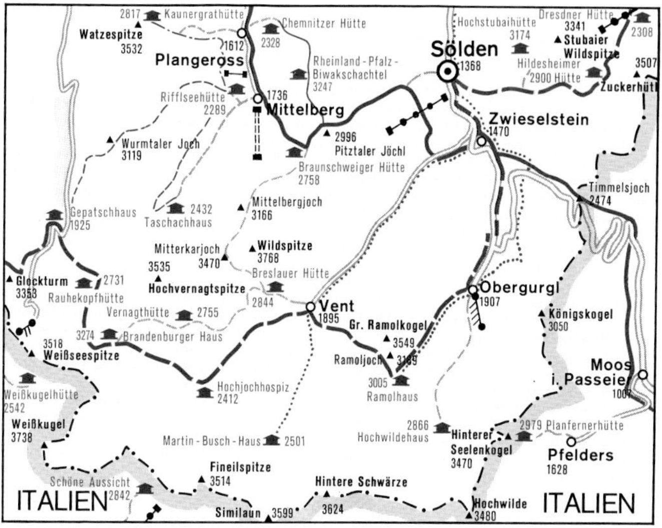

Hauptort
Gemeinde, Ortschaft
Verbindungsweg
Schutzhütte
Europ. Fernwanderweg E5
Zentralalpenweg 02
Mainzer Höhenweg
Cottbuser Höhenweg
Fuldaer Höhenweg
Offenbacher Höhenweg
Ötztaler Jungschützenweg

Alle Angaben ohne Gewähr! Bitte erfragen Sie vor Beginn der Wanderung im Talort die Bewirtschaftungszeit und erkundigen Sie sich, ob eine Übernachtungsmöglichkeit besteht!
Achtung: Bei Gletschertouren richtige Ausrüstung mitnehmen!

Europäischer Fernwanderweg E 5: Bodensee – Adria

Die Strecke von Wenns nach Mittelberg wird besser mit dem Autobus zurückgelegt. Von Mittelberg wandern wir zur Braunschweiger Hütte, 2758 m, und über das Pitztaler Jöchl, 2996 m, in das Rettenbachtal zur Rettenbachalm, 2145 m. Der Weg verläuft nun weiter nach Süden zur Mittelstation, 2174 m, der Ötztaler Gletscherbahn (Gaislacher Kogel) und führt über die Gaislachalm, 1968 m, hinab in das Venter Tal nach Zwieselstein, 1470 m. Von dort geht es durch das Timmelstal auf das Timmelsjoch, 2474 m (Staatsgrenze). Nun hinunter in das Passeirer Timmelstal und über die Schönaueralm nach Rabenstein und weiter durch das Passeier Tal nach Moos und St. Leonhard in Passeier.

Zentralalpenweg 02: Feldkirch – Hainburg an der Donau

Dieser kommt vom Hohenzollernhaus (außerhalb des Kartenblattes) und führt zum Gepatschhaus, 1925 m. Von dort geht er über das Gletscher-Hauptmassiv der Ötztaler Alpen zur Rauhekopfhütte, 2731 m. Weiter führt er über den Gepatschferner (Vorsicht Spalten) zum Brandenburger

Haus, 3274 m. Über den Deloretteweg erreichen wir das Hochjochhospiz, 2412 m, von dort auf dem Titzenthalerweg hinaus nach Vent. Von dort führt der Weg auf das Ramoljoch, 3189 m, und über den Ramolferner hinunter zum Ramolhaus, 3005 m. Talauswärts erreicht man, mit prächtigen Rückblick auf den Gurgler Ferner, den Tourismusort Obergurgl. Nun das Gurgler Tal auswärts nach Zwieselstein und weiter nach Rettenbach/Sölden. Von dort durch das Windachtal bis zum Gasthof Fiegl, 1956 m. Nach ca. 2½ km links auf den Aschenbrenner Weg abzweigen und zur Hildesheimer Hütte, 2900 m. Von dort über den Gaiskarferner hinauf zum Fernaujoch, 3050 m, und über den Fernauferner hinab zur Dresdner Hütte, 2308 m (Stubaier Gletscherschigebiet) und von hier aus mit der Stubaier Gletscherbahn hinunter ins Tal.

Mainzer Höhenweg: Chemnitzer Hütte, 2328 m – Braunschweiger Hütte, 2758 m
Bei dieser Höhenwanderung handelt es sich um eine hochalpine Gratwanderung, die nur von Geübten begangen werden soll. Von der Hütte aus gehen wir in östlicher Richtung über einen Moränenkegel, oberhalb eines kleinen Gletschersees, in das Weißmaurachkar und weiter zum Weißmaurachjoch, 2953 m. Von dort Richtung Süden, am Geigenkamm entlang, an den östlichen Ausläufern des Puitkogels, 3343 m, und Sonnenkogels, 3166 m, oberhalb des Grubigkarles und Silberkars, teilweise versichert, und zuletzt am Grat ansteigend zur Rheinland-Pfalz-Biwakschachtel am Wassertalkogel, 3247 m. (Notunterkunft des Alpenvereins für 9 Personen, ganzjährig geöffnet; ca. 500 m nördlich davon **Notabstieg** ins Pitztal). Von dieser Biwakschachtel aus bleiben wir auf dem nach Süden verlaufenden Gratweg (teilweise ausgesetzt), der uns über den Gschrappkogel, 3197 m, Wurmsitzkogel, 3079 m, und Polleskogel, 3032 m, führt. Kurz darauf erreichen wir die Ausläufer des Rettenbachferners (Ötztaler Gletscherschigebiet) und eine Wegkreuzung. Links weg führt der Europäische Fernwanderweg E5 in das Rettenbachtal; wir aber zweigen nach rechts ab (Weg 918) und gelangen über das Pitztaler Jöchl, 2996 m, zur Braunschweiger Hütte, 10 Std.

Cottbuser Höhenweg: Rifflseehütte, 2289 m – Kaunergrathütte, 2817 m
Von der Rifflseehütte aus führt dieser bekannte Höhenweg – er soll nur von Geübten begangen werden – nach Norden, östlich des Rifflsees vorbei zum Gipfelrestaurant der Gondelbahn, die von Mandarfen heraufführt. Wir bleiben auf diesem, nach Norden führenden Weg (Nummer 926), östlich vorbei am Brand- und Steinkogel, und dann in einer großen Kehre nach Westen. Von rechts mündet der Weg 927 ein, der von Plangeross kommt. Auf diesem Weg gehen wir dann weiterhin westwärts, stetig ansteigend, zur Hütte, 4 Std.

Fuldaer Höhenweg: Rifflseehütte, 2289 m – Taschachhaus, 2432 m
Vom Südostrand des Sees führt dieser Höhenweg (Nummer 925) über die Taschachalpe, hoch über dem Taschachtal, taleinwärts. Wir überqueren kleinere Bäche und gehen unterhalb des Vorderen und Hinteren Köpfle vorbei und kommen zu einer Wegteilung. Wir gehen links talauswärts (Nummer 924) und erreichen kurz darauf das Taschachhaus, 4 Std.

Ötztaler Jungschützenweg
Dieser Weitwanderweg führt vom Bahnhof Ötztal auf Feld-, Wiesen- und Waldwegen, zuletzt auf Bergsteigen durch das gesamte Ötztal hinauf bis

zur Gletscherregion. In Zwieselstein gabelt sich der Weg, um einerseits über Vent zum Martin-Busch-Haus, 2501 m, oder andererseits über Obergurgl zum Ramolhaus, 3005 m, zu führen.

ÖTZTAL

Wenn in alpinen Kreisen vom Hochgebirgszauber Tirols die Rede ist, dann ist meistens die hochalpine Gletscherwelt des Ötztals gemeint. Erinnerungen an Wanderungen entlang der schäumenden Ache, empor über die Geländestufen von Oetz, Umhausen, Längenfeld und Sölden, hinauf ins eisschimmernde Reich der Wildspitze, 3768 m, der Weißkugel, 3738 m, oder des Similaun, 3599 m, werden wach. Das 70 km lange Ötztal wird mit seinen Siedlungen ganzjährig als ideale Erholungslandschaft geschätzt. Eine gut ausgebaute Straße bringt die Touristen in das Ötztal bis zur letzten Talstufe von Sölden. Bei Zwieselstein zweigt das Venter und das Gurgler Tal ab. Vom Gurgler Tal windet sich die Timmelsjochstraße (Maut!) zum 2474 m hoch gelegenen Timmelsjoch (Staatsgrenze Österreich/Italien). Diese Straßenverbindung zwischen dem Ötztal und dem Passeier Tal ist nur in den Sommermonaten geöffnet.
Die ältesten Versuche der Erschließung der Tiroler Hochgebirgswelt sind vom Ötztal ausgegangen: Dort stand auch die Wiege des „Österreichischen und Deutschen Alpenvereins", war doch einer seiner Begründer, Franz Senn, 1860 – 1872 Seelsorger im Hochgebirgsdorf Vent. Dort hat er jahrelang als einer der alpinen Pioniere die Eisriesen der Ötztaler Alpen als Erster bezwungen, Schutzhütten erbaut und Bergführer herangebildet. Im Laufe der letzten Jahrzehnte, seit das Ötztal für die internationale Bergwelt erschlossen ist, sind die Talsiedlungen zu stattlichen Dörfern herangewachsen. Schöne Bürgerhäuser und Gaststätten, in heimischer Tiroler Bauart errichtet, vielfach auch mit Freskomalereien geschmückt, scharen sich um die Dorfkirche, die sich meist auf erhöhtem Felssitz erhebt. In höheren Lagen, bereits in der Almregion, sind alte Bauerngehöfte auf den sonnigen Hängen. In den höchstgelegenen, ganzjährig bewohnten Bauernhäusern der Ostalpen, den Rofenhöfen, 2011 m, in Vent, fand der Sage nach der flüchtende Herzog Friedrich im Jahr 1416 eine sichere Heimstätte, als das Konstanzer Konzil ihn verbannte. Zum Dank für dieses Asyl im Bereich des Hochjochferners verlieh er den Rofenhöfen besondere Rechte (z. B. Steuerfreiheit); wer sich in ihre Mauern flüchtete, den schützten sie als Freistätte. Die Rofenhöfe sind auch heute noch besiedelt, mittlerweile voll erschlossen, auf einer Straße erreichbar und daher ein beliebtes Ausflugsziel. Sowohl im Sommer als auch im Winter hat der Fremdenverkehr im Ötztal sehr stark zugenommen. Das Angebot an Bergbahnen und Liften ist sehr groß, z. B. Ganzjahresschigebiet auf dem Retten- und Tiefenbachferner (Mautstraße), Schigebiet Gurgl-Hochgurgl und Sölden-Hochsölden; man ist sehr bemüht, für Gäste und Einheimische ein gutes Wanderwegenetz und Aussichtspunkte anbieten zu können.
Vor hundert Jahren begann Sebastian Finsterwalder mit seiner Gletscherforschung am Vernagtferner in den hintersten Ötztaler Alpen; Messungen und Beobachtungen werden bis heute fortgesetzt. Die Meteorologische Station nahe der Vernagthütte, einige aufgestellte Ombrometer und eine Klimastation liefern laufend die neuesten Meßergebnisse.
Eine jahrhunderte lange Tradition in den Ötztaler Alpen ist die jährlich im

Juni stattfindende Wanderung von tausenden Schafen und ihren Hirten vom Südtiroler Vinschgau über die Grenze zu den Almen im Nordtiroler Ötztal, z. B. über das Niederjoch (östlich der Similaunhütte).
Die Ötztaler Volksart zeigt sich am deutlichsten in der alten Volkstracht, die u. a. am Kirchtag, bei Prozessionen, Schützenfesten, Gedenkfeiern stolz getragen wird. Die Männer tragen dunkelbraune Joppen und breitrandige, gelbe, mit grünen Bändern ausgenähte Hüte; die Frauen faltenreiche Röcke, reichgezierte Mieder und die hohen, spitzen Wollkappen. Eine besondere Eigentümlichkeit der Ötztaler Frauentracht sind die dicken, wollenen Kniestrümpfe, die „Höslen“. Das Ötztal ist die Heimat bedeutender Männer gewesen. Neben dem erwähnten Kurat Franz Senn hat sich der Kurat von Gurgl, Adolf Trientl, durch seine bahnbrechende und erfolgreiche Förderung der tirolischen Landwirtschaft, insbesondere in seinem Heimattal, den Ehrennamen des „Tiroler Mistapostels“ verdient. Auch der als Kirchengelehrter hervorragende Salzburger Universitätsprofessor Dr. Josef Anton Schöpf wurde 1822 in Umhausen geboren.

HEILIGKREUZ

Einschicht der Gemeinde Sölden (K 3), Bez. Imst, Höhe: 1711 m, Postltz.: A-6450. **Auskunft:** Tourismusverband, Tel. 0 52 54/22 12 (510-0), Fax 31 31. **Bahnstation:** Ötztal-Bahnhof (48 km).

Heiligkreuz ist eine kleine, aus mehreren zerstreuten Häusergruppen bestehende Siedlung mit einer eigenen Kirche. Von der Kirche zur Kreuzauffindung (erbaut 1804) aus hat man einen schönen Blick durch das Venter Tal zu den Stubaier Bergen. Talauswärts liegen: Puit, Raindl, Lehn, Haslpuit, Neder und Freistabl, taleinwärts gegen Vent liegen die Weiler Seiten und Winterstall. Eine gut ausgebaute Straße führt von Zwieselstein kommend über Heiligkreuz bis zu den Rofenhöfen in Vent.

OBERGURGL

Dorf der Gemeinde Sölden (L/M 3-4), Bez. Imst, Höhe Untergurgl: 1790 m, Obergurgl: 1907 m, Hochgurgl: 2154 m, Postltz.: A-6456. **Auskunft:** Tourismusverband, Tel. 0 52 56/466, Fax 353. **Bahnstation:** Ötztal-Bahnhof (50 km). **Busverbindung:** Durch das Ötztal und über das Timmelsjoch nach Südtirol (nur im Sommer).
Bergbahnen: Gondelbahn, zahlreiche Sessel- und Schlepplifte; im Sommer sind der Gaisberg- und Hohe-Mut-Lift geöffnet.

Obergurgl ist das höchstgelegene Kirchdorf Tirols. Es liegt zwischen grünen Almmatten, umrahmt von einer großartigen Gletscherlandschaft. Im Sommer und Winter ist Unter-, Ober- und Hochgurgl ein gern besuchter Tourismusort und Ausgangspunkt vieler schöner Berg- und Gletschertouren.
Die spitztürmige Kirche zum hl. Johannes Nepomuk wurde 1726 erbaut und 1737 mit einem Altar zu Ehren des hl. Johannes von Nepomuk eingeweiht; 1967 wurde sie nach Plänen von Clemens Holzmeister erweitert.
Die Besiedlung des Tales erfolgte von Südtirol aus. Die ersten Einwanderer sollen sich auf dem sogenannten „Kleinen Alple“, eine gute Stunde taleinwärts vom heutigen Obergurgl, angesiedelt und ein Haus gebaut haben. Der Name eines späteren, vielleicht letzten Besitzers dieses Berghofes sei Blasius Rutsch gewesen. Dieser habe drei Töchter gehabt, welche eines Tages auf dem Kirchgang nach Umhausen durch eine Lawine umgekommen seien. Also müssen sie zu einer Zeit gelebt haben, da

Hotel, Sporthotel und Pension in Obergurgl und Hochgurgl

Hotel, Gasthöfe und Jausenstation in Obergurgl, Sölden und Zwieselstein

Der „Chef" selbst ist ausgebildeter Bergwanderführer.

LAND TIROL BERGWANDERFÜHRER

****
Hotel Gasthof **Mühle**

Ihr Erlebnishotel im Oetztal

A-6456 Obergurgl · Am Königsrain 16
Telefon **0 52 56 / 67 67**
Europavorwahl 00 43 / 52 56 / ... · Fax **DW-44**
Internet: **www.tirol.com/muehle**
www.tiscover.com/muehle
e-mail: **muehle@tirol.com**

Tirol · Österreich

Die Ötztaler Bergwelt mit meinen Gästen immer aufs neue zu erkunden, ist für mich ein besonderes Erlebnis. Deshalb gibt es seit nunmehr 13 Jahren die maßgeschneiderten Mühle-Spezialwanderwochen. Laßt Euch von der wunderbaren Bergkulisse und einem außergewöhnlichen Hotel in den Tiroler Bergen verzaubern!

BRÜCKENWIRT Gasthof

PIZZERIA • RESTAURANT
Familie Elzenbaumer • A-6450 Zwieselstein
Telefon 0 52 54/27 69 • Telefax 0 52 54/27 69-20

*Der Brückenwirt, seit kurzer Zeit, mit Speis
und Trank ist nun bereit.
Des Gastes Wunsch ist uns Gebot, reichlich ist unser Angebot.
Wir geben uns auch redlich Müh, damit gelingt uns das Menü.
Und ist Ihnen einmal was zuwider, verzeiht es uns
und kommt doch wieder.*

Familie Elzenbaumer und Mitarbeiter

Sahnestüberl 1640 m

Fam. Prantl, Zwieselstein 10, A-6450 Sölden - Ötztal - Tirol
Telefon 0 52 54/27 67 oder Sahnestüberl 0 52 56/65 85

*Wir haben von Mitte Mai bis Anfang November offen.
Es gibt eine herrliche, sonnige Terrasse. Mitte September gibt es hier einen Almabtrieb mit Live-Musik.
Bewirtschaftet wird sie von Peter Prantl. Wir haben ca. 7-11 Milchkühe in unserer Jausenstation. Wir bieten frische Milch, Butter und Sahne, sowie andere Köstlichkeiten wie Kaiserschmarren, Tiroler-Bauern-Grösti u.s.w. an.*

weder in Sölden noch in Längenfeld eigene Kaplaneien waren. Solche wurden erst im Jahre 1469 gestiftet. Vor etwa 100 Jahren fand man an der Stelle des verfallenen Hauses die Zeichen einer alten Hofmark und die Überreste eines Brunnentroges mit der Jahreszahl 1410 sowie den Buchstaben B. R.
Obergurgl wurde weltbekannt, als am 27. Mai 1931 der Stratosphärenballon von Prof. Piccard am Gurgler Ferner niederging.
Eine besondere Attraktion in Obergurgl ist der 1963 zum Naturdenkmal erklärte **„Zirbenwald"**. Er ist rund 20 ha groß und erstreckt sich am südlichen Ortsende von 1950 m bis in 2180 m Höhe. Der durch den „Zirbenwald" führende Lehrpfad gibt an 22 bezeichneten Punkten genaue Erläuterungen zu den einzelnen Bäumen, Sträuchern und Pflanzen. Es ist strengstens verboten Pflanzen mitzunehmen! Ein Besuch kann jedem Wanderer empfohlen werden!
Hochgurgl ist eine moderne Hotelsiedlung an der Straße, die zum Timmelsjoch (Maut!) führt, das in den Sommermonaten einen Übergang nach Südtirol bietet. Sein Ruf als Wintersportzentrum ist auf das ideale Skigelände in seiner Umgebung zurückzuführen.

Hüttenanstiege von Obergurgl aus:

1) Hochwildehaus, 2866 m (K 5), Alpenverein, Post A-6456 Obergurgl, Tel. über Langtaleregghütte 0 52 56/2 33 und Tel. im Tal 0 52 53/53 96, im Frühjahr und Sommer bewirtschaftet.

Zugang: Aufstieg zur Langtaleregghütte (siehe dort); von dort aus führt auch eine Materialseilbahn zum Hochwildehaus. Der Weg, der immer noch die Nummer 922 hat, führt südlich hinab in das Langtal und anschließend westlich in einem großen Bogen weiter, bis man am Felsrücken des Schwärzenkamms vorbei, die Hütte, hoch über dem Gurgler Ferner gelegen, erreicht, 4½ Std.
Übergänge: Zur Langtaleregghütte, 2430 m, 1¾ Std.; zum Ramolhaus, 3005 m, 3 Std.
Gipfel: Hochwilde, 3480 m: Von der Hütte steigen wir längs des West-Abhanges des Schwärzenkamms südwärts über den Gurgler Ferner, das Schwärzenjoch und den Annakogel links liegen lassend, auf das Joch, 3290 m, zwischen Annakogel und Nördlicher Hochwilde zum Firngrat. Diesem entlang und in leichter Kletterei gehen wir weiter zum Gipfel der Nördlichen Hochwilde, 3458 m. Der Übergang zur Südlichen Hochwilde, 3480 m, erfordert leichte Kletterei, 4 Std. – **Schalfkogel**, 3537 m: Vom Hochwildehaus aus queren wir den Gurgler Ferner auf ca. 2800 m, in westlicher Richtung und anschließend über den Kleinleitenferner, hinauf in das Schalfjoch, 3375 m. Von dort geht es über den Felsgrat steil aufwärts und zum Schluß, mäßig ansteigend, über Fels und Schutt auf den Gipfel, 4 Std.

2) Langtaleregghütte (Karlsruher Hütte), 2430 m (K/L 5), Alpenverein, Post A-6456 Obergurgl, Tel. 0 52 56/2 33 und Tel. im Tal 0 52 53/53 96, im Frühjahr und Sommer bewirtschaftet.
Zugang: Man benützt den Weg 922 Richtung Süden, gleichmäßig ansteigend bis zur Schönwieshütte, 2266 m, die an der Einmündung des Rotmoostales liegt. Von dort über die Gurgler Großalm, hoch über der Gurgler Ache, weiter zur Hütte, 2½ Std.

Übergänge: Zum Hochwildehaus, 2866 m, 2 Std.; zum Ramolhaus, 3005 m, 3 Std.
Gipfel: Vorderer Seelenkogel, 3286 m: Von der Hütte zuerst nach Süden und anschließend bei ca. 2600 m Richtung Osten auf den südlichen Teil des Seelenferners; über Blockwerk und Firn erreichen wir den Gipfel, 4 Std. – **Langtaler Jochspitze**, 3155 m: Von der Hütte aus nehmen wir den Weg Richtung Süden zum Hochwildehaus. Wir überschreiten jedoch nicht den vom Langtaler Ferner kommenden Gletscherbach, sondern gehen davor links taleinwärts, am Langtaler Ferner aufwärts zum Langtaler Joch, 3031 m. Von dort über den Firngrat und Blockwerk weiter zum Gipfel, 3 1/2 Std.

3) Ramolhaus, 3005 m (K 5), Alpenverein, Post A-6456 Obergurgl, Tel. im Tal 0 52 56/2 23 und 2 24, im Sommer bewirtschaftet.
Zugang: Der Weg zur Hütte ist identisch mit dem Zentralalpenweg 02 und dem Ötztaler Jungschützenweg. Wir wandern, hoch über der Gurgler Ache, taleinwärts, einige Bäche überquerend, an der Küppelehütte, 2303 m, vorbei, gleichmäßig ansteigend, unter den Schrofen- und Felshängen, die vom Ramolkogel herabziehen, zur Hütte, 4 Std.
Übergänge: Nach Vent, 1895 m, 3 Std.; zur Langtaleregghütte, 2430 m, 2 Std.; zum Hochwildehaus, 2866 m, 1 1/2 Std.
Gipfel: Großer Ramolkogel, 3549 m: Vom Ramolhaus aus über das Köpfle zum Ramoljoch, 3189 m, und dann über den Ramolferner, den man zwischen Kleinem und Nördlichem Ramolkogel schräg aufwärts quert; nach leichter Kletterei und über den Schneegrat erreicht man den Gipfel. Vorsicht: Wächten, 3 Std. – **Schalfkogel**, 3537 m: Man quert südlich der Hütte die Hänge und geht dann über, das unter der Firmisanschneid eingelagerte Eisfeld (Spalten!) Richtung Süden weiter, zum Schluß steil ansteigend auf das Firmisanjoch, 3287 m; von dort auf dem breiten Firngrat weiter Richtung Süden zum Gipfel, 3 Std. – **Hinterer Spiegelkogel**, 3424 m: Von der Hütte aus wandern wir auf einem Steig nördlich aufwärts über den Ramolferner zum Ramoljoch, 3189 m; von dort über den Spiegelferner ansteigend zum Gipfel, 2 1/2 Std.

SÖLDEN

Gemeinde und **HOCHSÖLDEN,** Weiler der Gemeinde Sölden (K/L 1), Bez. Imst, Einw.: gesamt 3250, Höhe Sölden: 1368 m, Hochsölden: 2083 m, Postltz.: A-6450. **Auskunft:** Tourismusverband, Tel. 0 52 54/22 12 (510-0), Fax 31 31. **Bahnstation:** Ötztal-Bahnhof (39 km).
Busverbindung: Durch das Ötztal.
Bergbahnen: Gondelbahnen, zahlreiche Sessel- und Schlepplifte.

„Eingebettet in saftige Bergwiesen, umrahmt von dunklen Wäldern, beherrscht von den Bergriesen des Inneren Ötztals" – so schildern Romantiker dieses Tiroler Bergdorf, heute ein Tourismusort ersten Ranges. Weit über das ganze Talbecken verstreut liegen die einzelnen Gehöfte, Weiler und Dörfer. Zur Gemeinde, die sich über die vierte Talstufe des Ötztales erstreckt, gehören auch u. a. Hochsölden und Zwieselstein. Die Kirche Mariae Heimsuchung liegt im Ortsteil Rettenbach, an der Ausmündung des vom Rettenbachgletschers herunterkommenden Rettenbachs, der wegen seiner Ausbrüche in früherer Zeit gefürchtet war. Die Gegend um Sölden wurde wahrscheinlich schon sehr früh besiedelt. Urkundlich wurde der schmucke Ort erstmals 1250 erwähnt. Pfarrkirche, spätgotisch, 1400 in einer Urkunde erwähnt. Das Innere um 1750 barockisiert;

Café/Pension, Alm auf 2000 m und alles »Rund ums Auto« in Sölden

GAMPE ALM

2000 m

Familie Grüner
A-6450 Sölden · Ötztal · Tirol
Tel. 05254/2144 · Fax 3253

Söldens sonnigster Treffpunkt

Die Gampe Alm liegt sehr sonnig zwischen Hochsölden und dem Gaislachkogelgebiet. Von der Gletscherstraße ist sie in 15 Minuten, von Hochsölden in 30 Minuten und von Sölden-Ortszentrum in 1 Stunde zu erreichen.

Unsere große Sonnenterrasse sowie typisch urige Tiroler Gemütlichkeit laden zum Verweilen und Entspannen, aber auch zum Feste feiern ein. Diesen Sommer feiert die Gampe Alm ihr 30-jähriges Bestehen mit vielen Veranstaltungen, auch im Rahmen der Stammgästewoche im Herbst 99.

Wir freuen uns auf Ihren Besuch!

CAFE PENSION
KÜHTRAIN Schlucht
ZIMMER • APPARTEMENT

Familie Fender
Platte 363 · A-6450 Sölden
Telefon 05254/2472
Telefax 05254/3108

Grüß Gott im Haus Cafe Pension Kühtrain-Schlucht in Sölden im Ötztal.

Ein Haus vereint mit all jenen Annehmlichkeiten, die das ganze Jahr über einen angenehmen Urlaub garantieren. Unsere Komfortzimmer sind alle mit Bad, Dusche, WC sowie teilweise mit Balkon ausgestattet. Neben dem gemütlichen Aufenthaltsraum ist es vor allem das ausgezeichnete Essen, das von unseren Gästen besonders geschätzt wird. Ausgezeichneter Ausgangspunkt für viele Wanderungen!

IHR PARTNER IN SACHEN AUTO –

BERNHARD FRISCHMANN

Kfz-Reparatur-Fachbetrieb
A-6641 Umhausen

FORD-Vertragswerkstätte
Tel.: 0 52 55/52 44-0

Ford

Shell-Tankstelle
Kfz-Reparatur-Fachbetrieb
A-6450 Sölden

ÖAMTC-Vertragsabschleppdienst
Pannendienst
Tel.: 0 52 54/2 16 80

Frühstückspension, Alm, Berghütte und Beförderungsmittel in Sölden

Besuchen Sie die Alte Lenzenalm in 1.896 m Höhe, am Fuße des 3.165 m hohen Nederhogels. 3 leichte Aufstiege zwischen Zwieselstein und Untergurgl.
Übernachtungsmöglichkeiten auf Anfrage.
Geöffnet vom 10. Juni bis 10. Oktober.

LENZENALM

Zwieselstein 44 · A-6450 Sölden
Tel. 05256/6577 o. Tel. u. Fax 05254/2756

SIEGERLANDHÜTTE

2710 m

Am Weg zu unserer Hütte über grüne Almen und durch das wildromantische Windachtal, erleben Sie die Faszination hochalpiner Landschaft.
Von der Hütte aus bieten sich für Geübte zahlreiche Höhenwanderungen, Übergänge und Gipfel.
Hildesheimer Hütte/Aufstieg von Sölden, Dresdner Hütte/Stubaier Gletscher, Müller-Hütte/Becherhaus, Übergang nach Südtirol/Passeier, Sonklarspitze, Zuckerhütl. Und noch etwas Besonderes: bei der Einkehr in unserem gemütichen Gastraum kann man sich rund um den warmen Stubenofen so richtig wohlfühlen!

Hüttenwirt: Hermann Fiegl · A-6450 Sölden
Tel. 0 52 54/21 89-Tal · 0 52 54/21 42-Hütte

FRÜHSTÜCKSPENSION

Söldenkogel

Familie Grüner
A-6450 Sölden · Schmiedhof 594
Tel. 05254/2015 · Fax 05254/2015

Ihre familienfreundliche Frühstückspension am Ortseingang von Sölden mit komfortablen Zimmern. Für das leibliche Wohl sorgt die Chefin persönlich.

Joe's FUNK TAXI

☎ 0 52 54
32 32
FAX 0 52 54/35 09

Restaurant, Gasthöfe und Berghütten in Sölden

PENSION
Restaurant Windau
SÖLDEN · ÖTZTAL

Fam. Fiegl
A-6450 Sölden, Ötztal-Tirol
Tel: (0) 52 54/22 97
Fax (0) 52 54/32 31

Sonnenterrasse, Sauna und Solarium.
Reichhaltiges Frühstücksbuffet.
Österreichische und internationale Spezialitäten.
Viele Sport- und Freizeitmöglichkeiten

Alpengasthof Sonneck

Gaislach 247 · A-6450 Sölden
Telefon 00 43/52 54/29 05

Wir laden Sie recht herzlich zur gemütlichen Einkehr im *Alpengasthof Sonneck* auf der Gaislachalm ein. Nach 1 Std. Wanderung von Sölden, können Sie den faszinierenden Panoramablick verbunden mit einer zünftigen Jause auf unserer Sonnenterrasse genießen.
Auf Ihren Besuch freut sich Familie Fender-Scheiber.

Urlaub in Tirol

in der Bergwelt der Ötztaler Alpen - in Sölden - auf der Gaislach-Alm 2040 m, direkt am Weitwanderweg E5, ideal für Familien und alle die Natur pur lieben und gerne wandern. Sommer + Winter geöffnet.

Info: **Alpengasthof Gaislach-Alm**
A-6450 SÖLDEN
Tel. 00 43/52 54-29 14, Fax 2 75 88

A Platzerl (Hütten) zum hocknbleiben: Die Hühnersteign – urig, gaudig und bärig!

HÜHNERSTEIGN heißt die Hütte, bei der Gemütlichkeit und Gaude, Atmosphäre und Romantik, Urigkeit und höchstes Qualitätsniveau auf einen Nenner kommen.

HORST und ANNEMARIE – DIE WIRTSLEUTE kümmern sich selbst um die Gäste und bringen Stimmung in jeden noch so „faden" Haufen.

HÜHNERSTEIGN

„Die" Berg- und Skihütte
Außerwald 672 · A-6450 Sölden · Tel. 05254/2872 oder 3806 · Fax 05254/24772

Almen, Jausenstation und Freizeitspaß in Sölden und Längenfeld

GOLDEGG-ALM

1.903 m

bei der Gaislach Alm, Sölden, Oetztal-Tirol

Im Sommer und Herbst wird bei uns Wandern, Bergsteigen und Klettern großgeschrieben. Von Sölden aus erreichen Sie unsere Alm in 1.903 m Höhe in 1,5 Stunden. Dort erwartet Sie ein kühler Schluck zur Almjause.

JAUSENSTATION

HOCHWALD

1.560 m

Fam. Prantl · A-6450 Sölden-Ötztal

- ganztägig warme Küche, Hausmannskost
- Erreichbar: Leichte Wanderung von Sölden über Granstein und von Hochsölden am Dr. Bachmann-Weg über Granstein-Alm nach Hochwald

Ihr Mountainbike-Spezialist im Ötztal!

VERLEIH • VERKAUF • SERVICE

Geführte Radtouren mit geprüften Lehrern.

SPORT ★★★★★ Hütte

SPORTHÜTTE FIEGL GES.M.B.H.

A-6450 SÖLDEN, Wohlfahrt 597 - Telefon: (0043) (0) 5254 - 5222

A-6444 LÄNGENFELD, Huben 163 - Telefon: (0043) (0) 5253 - 5188

SONNBLICK

Hochsölden

Wanderziel mit **Streichelzoo** hoch über Sölden auf 2.077 m.
Leicht zu erreichen über die **Wanderwege**: Sölden – Hochsölden, Sölden – Edelweißhütte – Hochsölden, Sölden – Gampe Alm – Hochsölden, Mittelstation Gaislachkogel – Rettenbachtal – Hochsölden oder bequem mit dem **Sessellift** oder **Auto** ab Sölden.

Ein Ausflugstip für die ganze Familie!

PENSION ALPENRUHE

Direkt am Ortseingang von Sölden, auf 1377 m Seehöhe, in unverbauter ruhiger Lage, befindet sich unsere familiär geführte Pension Alpenruhe. Bei uns wird Gemütlichkeit, Gastfreundschaft und das Wohlbefinden unserer Gäste großgeschrieben. Es stehen Ihnen Zimmer mit Dusche bzw. Bad/WC, Kabel-TV und größtenteils mit Balkon zur Verfügung!
Sie haben Gelegenheit, unseren großzügig und rustikal gestalteten Aufenthaltsraum mit TV, unsere Sonnenterrasse oder Liegewiese zu benützen. Unser **hauseigenes Taxi** steht Ihnen für Ausflugsfahrten gerne bereit!

FUNKTAXI
Tel.-Nr. 2626

Fam. Fritz Riml
Gehörde 477 · A-6450 Sölden
Telefon (0) 52 54/22 93
Telefax (0) 52 54/3753

Ihr Urlaubsziel zu jeder Jahreszeit!

Unser Familienbetrieb bietet alles, was man von einem erholsamen Urlaub erwartet und zwar in einer familiären Atmosphäre. Alle Zimmer sind mit Dusche/WC, Fön, Balkon, Kabel-TV, Telefon, Radio und Safe ausgestattet. Speisesaal, Bar, Sauna- Dampfbadanlage, Solarium. Menüwahl mit Salatbuffet oder kleiner Karte. 1mal die Woche Galadinner und Kuchenbuffet, Grillabend. Liegewiese am See.

Hotel Hermann***

Familie Fender & Binter
A-6450 Sölden, See 369
Telefon 0 52 54/23 26
Telefax 0 52 54/23 2614

Achtung, all inklusive!!!

SOMMER:
Rafting, Canyoning, Klettern, Mountainbiking, Wanderungen

WINTER:
Ski-Snowboardkurs, Rodelabend

Gasthöfe in Vent und Untergurgl

reichvergoldete Marienstatue. Altäre besonders schön. Friedhof mit vielen schmiedeeisernen Grabkreuzen.
Hochsölden ist eine Hotelsiedlung sowie ein bekannter Wintersportplatz auf den weiten Böden westlich über Sölden. Von Sölden aus kann man Hochsölden über eine Fahrstraße, mehrere Fußwege und einen Sessellift erreichen.

Hüttenanstieg vom Parkplatz Restaurant Rettenbachferner aus:
Braunschweiger Hütte, 2758 m (H 2), Alpenverein, Post A-6481 St. Leonhard im Pitztal, Tel. 0 54 13/82 36 und Tel. im Tal 0 54 13/5 35, im Frühjahr und Sommer bewirtschaftet.
Zugänge: a) Man benützt den Weg 918 (Europäischer Fernwanderweg E5) und wandert am Rande des Rettenbachferners zum Pitztaler Jöchl, 2996 m, und von dort abwärts, den Karleskopf, 2902 m, rechts liegen lassend, zur Hütte, 1 Std. – b) Mit dem Sessellift vom Restaurant,2650 m, zum Rettenbachjoch, 2990 m, und von dort in 3/4 Std. hinunter zur Hütte.
Übergänge: Zur Chemnitzer Hütte, 2328 m, 10 Std. (Mainzer Höhenweg, nur für Geübte, siehe Seite 6); zur Breslauer Hütte, 2844 m, 5 Std.; zum Taschachhaus, 2432 m, 4 1/2 Std.
Gipfel: Wildspitze, 3768 m: Von der Hütte über den Karlesferner und Mittelbergferner (Pitztaler Gletscherschigebiet) erreichen wir das Mittelbergjoch, 3166 m. Von dort steigen wir jenseits über den kurzen Blockhang südlich hinab auf den Ostrand des Taschachferners, gehen diesem entlang (Achtung Spalten) und steigen über die Firnfläche unter dem Mitterkarjoch hinweg nach Osten zur Wildspitze, dem höchsten Gipfel Tirols, 5 Std. – **Linker Fernerkogel**, 3277 m: Von der Hütte aus nehmen wir den Weg, der uns in südlicher Richtung über den Karlesferner und den Hangender Ferner (Spalten!) zum Gipfel bringt, 2 Std.

Hüttenanstiege von Sölden aus:
1) Brunnenkogelhütte, 2738 m (M 2), ÖTK, Post A-6450 Sölden, im Sommer bewirtschaftet.
Zugang: Von der Moosalm aus benützt man den Weg 50, der uns zur Brunnenbergalm (Falkner) führt. Von dort nehmen wir den abzweigenden Weg 171, der uns zur Hütte, die unterhalb des Brunnenkogels liegt, führt, 2 1/2 Std.
Gipfel: Rotkogel, 2894 m: Von der Hütte aus nehmen wir den nach Süden führenden Weg Nummer 171, der uns über den Grat zum Gipfel führt, 1/2 Std.

2) Hildesheimer Hütte, 2900 m (O 1-2), Alpenverein, Post A-6450 Sölden, Tel. 0 52 54/23 00 und Tel. im Tal 0 52 54/20 90, im Sommer bewirtschaftet.
Zugang: Bis Granbichl können wir mit dem Auto fahren. Wir wandern am Weg 102 (Zentralalpenweg 02) das Windachtal einwärts bis zum Gasthaus Fiegl, 1956 m, und noch weiter, leicht ansteigend, bis zum Punkt, 2122 m; einige Meter östlich beginnt die Materialseilbahn zur Hütte. Bei jenem Punkt zweigt unser Weg (Aschenbrenner Weg) nach links ab und führt in vielen Kehren in das Falkenkar und weiter zur Hütte, die nahe an einem See, umgeben von einer herrlichen Gletscherwelt, liegt, 5 Std.
Übergänge: Zur Siegerlandhütte, 2710 m, 4 Std.; zur Dresdner Hütte (über das Fernaujoch), 2308 m, 2 1/2 Std.
Gipfel: Zuckerhütl, 3507 m: Von der Hütte aus nehmen wir den Weg in nordöstlicher Richtung. Dieser führt uns über den Pfaffenferner zum Pfaf-

fenjoch, 3213 m und zum Pfaffensattel, 3344 m. Von dort westwärts zum Gipfel, 3 Std.

3) Hochstubaihütte, 3174 m (M 1), Alpenverein, Post A-6450 Sölden, Tel. im Tal 0 52 54/32 40, im Sommer bewirtschaftet.
Zugänge: Bis Granbichl können wir mit dem Auto fahren.
a) Bei der ersten Weggabelung im Windachtal biegen wir auf den Weg 21 links ein, der uns zur Kleblealm, 1983 m führt. Von dort wandern wir am Weg 25 in das Laubkar, am Laubkarsee vorbei und weiter zur Hütte, die südlich des Wütenkarferners liegt, 5½ Std. – b) Wir wandern am Weg 102 (Zentralalpenweg 02) das Windachtal einwärts bis zum Gasthaus Fiegl, 1956 m. Von dort aus nehmen wir den nach Norden führenden Weg, der uns in vielen Kehren zum Seekarsee, 2658 m und bei einem Notunterstand vorbei, zur Hütte führt, 5½ Std.
Übergang: Zur Amberger Hütte, 2135 m, 3 Std.
Gipfel: Windacher Daunkogel, 3348 m: Von der Hütte aus wandern wir gegen Osten über den Wütenkarferner leicht aufwärts zur Warenkarscharte, 3186 m. Von dort führt der Weg gegen Norden ansteigend über Schrofen und Blockwerk zum Gipfel, 1½ Std. – **Warenkarseitenspitze**, 3347 m: Von der Hütte nehmen wir den Richtung Osten führenden Weg und wandern dann in südlicher Richtung über die Gletscherzunge des Warenkarferners zum Gipfel, 1 Std.

4) Siegerlandhütte, 2710 m (P 2), Alpenverein, Post A-6450 Sölden, Tel. 0 52 54/ 21 42 und Tel. im Tal 0 52 54/21 89, im Sommer bewirtschaftet.
Zugang: Bis Granbichl können wir mit dem Auto fahren. Wir wandern dann am Weg 102 (Zentralalpenweg 02) das Windachtal einwärts bis zum Gasthaus Fiegl, 1956 m, und noch weiter, leicht ansteigend, bis zum Punkt 2122 m; weiter am Weg 139 durch die Windachklamm bis zur Einmündung des Triebenkarlasbaches. Dort beginnt die Materialseilbahn zur Siegerlandhütte. Wir bleiben jedoch auf unserem Weg und steigen in vielen Kehren zur Hütte auf, 5 Std.
Übergang: Zur Hildesheimer Hütte, 2900 m, 3 Std.
Gipfel: Sonklarspitze, 3467 m: Von der Hütte gegen Nordosten steigen wir zum Triebenkarlasferner auf, links von uns erhebt sich die Scheiblehnwand, doch wir gehen weiter zum Hohen Eis, 3392 m, und am Firngrat entlang Richtung Norden zum Gipfel, 3 Std.

VENT

Dorf der Gemeinde Sölden (H 4), Bez. Imst, Höhe: 1895 m, Postltz.: A-6458. **Auskunft:** Tourismusverband, Tel. 0 52 54/81 93, Fax 81 74. **Bahnstation:** Ötztal-Bahnhof (56 km). **Busverbindung:** Durch das Ötztal.
Bergbahn: Sessellift.

Vent ist nach Obergurgl das zweithöchstgelegene Kirchdorf Tirols. Es liegt in einer sonnigen Talweitung an der Einmündung des Nieder- und Rofentals. Das von der firngeschmückten, massigen Felspyramide der Talleitspitze, 3406 m, überragte, malerisch gelegene Hochgebirgsdorf ist Hauptausgangspunkt für eine ganze Reihe von Hoch- und Gletschertouren.
Die erste urkundliche Erwähnung der Besiedlung "Vende" stammt aus dem Jahr 1241. Die sommerliche Beweidung fand jedoch schon früher statt. Es gehörte zum Gericht St. Petersberg. Schon in früherer Zeit stand hier eine Kapelle. 1702 wurde eine neue Kapelle zum hl. Jakobus erbaut,

die jedoch im Jahre 1802 einer Lawine zum Opfer fiel. Die heutige Kirche wurde 1862 erbaut.

Hüttenanstiege von Vent aus:
1) Breslauer Hütte, 2844 m (G 4), Alpenverein, Post A-6458 Vent, Tel. 0 52 54/ 81 56 und Tel. im Tal 0 52 54/81 53, im Sommer bewirtschaftet.
Zugang: Man gelangt auf Weg 919 unter dem Sessellift hindurch in vielen Kehren zur Bergstation des Liftes; bei Benützung des Liftes verkürzt sich der Weg um 1 Std. Unterhalb der Zunge des Rofenkarferners überquert man den Rofenbach und steigt zur Hütte auf, 3 Std. (ohne Liftbenützung) Die Materialseilbahn führt von den Rofenhöfen zur Hütte.
Übergänge: Zur Vernagthütte, 2755 m, 2 1/2 Std. (Seufertweg); zur Braunschweiger Hütte, 2758 m 4 Std.; zum Taschachhaus, 2432 m, 4 Std. Die beiden letzt genannten Übergänge sind Gletscherüberquerungen und sollten nur mit Seil und geeigneter Ausrüstung begangen werden. Bergerfahrung notwendig!
Gipfel: Wildspitze, 3768 m: Von der Hütte steigen wir in nordwestlicher Richtung über den Mitterkarferner zum Mitterkarjoch, 3470 m, der tiefsten Einsattelung zwischen dem Hinteren Brochkogel und der Wildspitze. Etwas nördlich zweigt unser Weg zur Wildspitze nach rechts ab; den Gipfel erreichen wir so von Westen her, 4 Std. – **Überschreitung: Rofenkarjoch**, 3315 m – **Wildspitze**, 3768 m: Von der Hütte steigen wir zum Rofenkarferner (Spalten!) auf und erreichen das Rofenkarjoch. Über einen langen Firngrat im großen Bogen auf die Wildspitze, 4 Std. – **Hinterer Brochkogel**, 3628 m: Von der Hütte aus nehmen wir den Weg in nordwestlicher Richtung über den Mitterkarferner zum Mitterkarjoch, 3470 m. Von dort steigen wir westwärts über den Blockgrat zum Gipfel, 3 Std.

Blick zum Marzellkamm und Similaun, 3599 m
View to Marzellkamm and Similaun, 3599 m
Vista verso il Marzellkamm ed il Similaun, 3599 m

2) Martin-Busch-Haus (Neue Samoarhütte), 2501 m (G 5-6), Alpenverein, Post A-6458 Vent, Tel. im Tal 0 52 54/81 30, im Frühjahr und Sommer bewirtschaftet.
Zugang: In Vent zweigt unser Weg 923 (Ötztaler Jungschützenweg) in das Niedertal nach Süden ab; man wandert, auf der rechten Seite des Niedertalbaches, auf einem breiten Karrenweg taleinwärts, vorbei an einer Jagdhütte und später an der Schäferhütte, 2230 m. Einige kleinere Bäche überquerend erreicht man die Hütte, 3 Std.
Übergang: Zur Similaunhütte, 3017 m, 2 Std.
Gipfel: Kreuzspitze, 3455 m: Von der Hütte den Steig (nordwestwärts), über die Hänge aufwärts, vorbei an der verfallenen Brizzihütte und über die Schutthänge, südlich des Rotkarferners, zum Gipfel, 3 Std. – **Similaun**, 3599 m: Von der Hütte aus wandern wir dem Niederjochbach entlang und dann über den Niederjochferner zum Niederjoch und zur Similaunhütte, 3017 m. Nun in südöstlicher Richtung über mäßig steilen Firn längs des Kammes aufwärts und zuletzt steiler über den Firngrat zum Gipfel, 4½ Std. Der kürzere Weg führt über den Marzellkamm und Niederjochferner zum Similaun, 4 Std. – **Hintere Schwärze**, 3624 m: Von der Hütte über den Niederjochbach und östlich auf den Marzellferner. „In der Schwärze" vorbei und über den Gletscher immer aufwärts (Spalten!), nördlich der Marzellspitze, zum Schluß steil zum Gipfel, 4½ Std. – **Mutmalspitze**, 3522 m: Von der Hütte über den Niederjochbach und östlich auf die Zunge des Marzellferners und auf ihm aufwärts bis zum Hinteren Schwärzenjoch, 3393 m (Spalten!). Über den Fels- und Firngrat in leichter Kletterei zuerst nach Nordwesten und dann nach Westen zum Gipfel, 4 Std. – **Fineilspitze**, 3514 m: Von der Hütte dem Niederjochbach entlang; von rechts münden einige kleinere Bäche noch ein. „Beim Bild" zweigen wir rechts ab und gelangen zum Hauslabjoch, 3283 m. Vom Joch westlich über den steilen ausgesetzten Grat empor, zum Gipfel, 3½ Std.

3) Similaunhütte (Rif. Similaun), 3017 m (F 6), privat, I-39020 Karthaus im Schnalstal, Tel. 04 73/66 97 11 (Vorwahl von Österreich nach Italien: 00 39), Besitzer: Familie Pirpamer, Hotel Post, A-6458 Vent, Tel. 0 52 54/81 19, im Frühjahr und Sommer bewirtschaftet.
Zugang: Anstieg zum Martin-Busch-Haus (siehe dort). Von dort geht es am Weg 16, dem Niederjochbach entlang, einige Seitenbäche überquerend, immer aufwärts. Das letzte Stück des Weges führt über den Niederjochferner (Staatsgrenze!), über dessen Westrand wir die Hütte erreichen, 4½ Std.
Übergang: Zum Martin-Busch-Haus, 2501 m, 1½ Std.
Gipfel: Fineilspitze, 3514 m: Von der Hütte aus wandern wir westwärts am Grat – vorbei an der Fundstelle des „Mannes vom Tisenjoch" aus dem 3. Jahrtausend vor Christus – zum Hauslabjoch, 3283 m. Vom Joch westlich über den steilen ausgesetzten Grat empor zum Gipfel, 2 Std. – **Similaun**, 3599 m: Von der Hütte aus (Staatsgrenze!) wandern wir in südöstlicher Richtung, mäßig steil ansteigend, längs des Kammes aufwärts und erreichen zuletzt, immer steiler werdend, über den Firngrat den Gipfel, 2 Std.

Hüttenanstiege von den Rofenhöfen aus:

1) Brandenburger Haus, 3274 m (D 4), Alpenverein, Post A-6458 Vent, Tel. 0 52 56/524 und Tel. im Tal. 0 52 56/212, im Sommer bewirtschaftet.

Zugänge: a) Anstieg zur Vernagthütte (siehe dort); von der Hütte aus führt der Weg über den Guslarferner auf das Untere Guslarjoch, 3312 m, und weiter über den Kesselwandferner zur Hütte, 6 Std. – b) Anstieg zum Hochjochhospiz (siehe dort); von der Hütte aus geht man am Weg 902 (Zentralalpenweg 02, Deloretteweg) westlich der Guslarspitzen hinauf zum Brandenburger Jöchl, 3246 m. Von dort folgt man dem Weg über den Kesselwandferner zur Hütte, 5½ Std.
Übergänge: Zur Rauhekopfhütte, 2731 m, 2½ Std.; zum Hochjochhospiz, 2412 m, 2½ Std. (Deloretteweg); zur Weißkugelhütte, 2542 m, 3 Std.; zur Vernagthütte, 2755 m, 2½ Std.
Gipfel: Fluchtkogel, 3497 m: Vom Haus aus wandern wir in östlicher Richtung über den Kesselwandferner zum Oberen Guslarjoch, 3361 m, und von dort nordwärts zum Gipfel, 1½ Std. – **Weißkugel**, 3738 m: Vom Haus aus steigen wir zum Kesselwandjoch hinunter (Steiganlage) und über den Gepatschferner nach Süden zu Punkt, 2999 m. Nun über die Felsabstürze der Vernaglwand hinunter und über den Langtauferer Ferner empor zum Weißkugeljoch, 3356 m. Von dort über die Nordostflanke steil aufwärts zum Gipfel, 5½ Std. – **Weißseespitze**, 3518 m: Vom Kesselwandjoch, südlich der Hütte, quert man den Gepatschferner möglichst eben, gleichmäßig leicht ansteigend, südwärts; man wendet sich dann westwärts, entlang des Kammes (Staatsgrenze) und erreicht so den Gipfel, 2½ Std.

2) Hochjochhospiz, 2412 m (E 5), Alpenverein, Post A-6458 Vent, Tel. 0 52 54/81 08, im Frühjahr und Sommer bewirtschaftet.
Zugang: Der Rofenache entlang wandert man am Weg 902 (Zentralalpenweg 02) zur ersten Weggabelung auf der Höhe 2096 m. Dort halten wir uns links, bleiben am Weg 902 (Titzenthalerweg) und wandern das Rofental einwärts, den Vernagtbach und andere kleinere Bäche überquerend, zum Hospiz, 2½ Std.
Übergänge: Zum Brandenburger Haus, 3274 m, 2½ Std. (Deloretteweg); zur Schönen Aussicht (Rif. Bellavista), 2842 m, 2½ Std.; zur Vernagthütte, 2755 m, 2 Std.
Gipfel: Weißkugel, 3738 m: Vom Hospiz gehen wir westwärts taleinwärts auf die Zunge des Hintereisferners und über den langen Gletscher, mäßig steigend zum Hintereisjoch, 3460 m. Von dort am Grat entlang nordwärts zum Gipfel, 5 Std. – **Fineilspitze**, 3514 m: Vom Hospiz aus wandern wir in südlicher Richtung; bei der ersten Weggabelung zweigen wir links ab und gehen über den Hochjochferner auf das Hauslabjoch, 3283 m. Vom Joch westlich über den steil ausgesetzten Grat empor zum Gipfel, 4 Std. – **Fluchtkogel**, 3497 m: Vom Hospiz wandern wir zuerst am Deloretteweg zum Brandenburger Haus, 3274 m; von dort über den Kesselwandferner zum Oberen Guslarjoch, 3361 m, und weiter nordwärts zum Fluchtkogel, 4½ Std.

3) Schöne Aussicht (Rif. Bellavista), 2842 m (D 6), privat, I-39020 Karthaus im Schnalstal, Tel. 04 73/66 21 40 (Vorwahl von Österreich nach Italien: 00 39), im Winter und Sommer bewirtschaftet; Schnalstaler Gletscherschigebiet.
Zugang: Anstieg zum Hochjochhospiz (siehe dort); von dort über das Arzbödele empor zur Gletscherzunge des Hochjochferners. Diesem Ferner entlang zur Zollhütte, 2861 m und weiter zur Hütte (Staatsgrenze), 5 Std.

Übergang: Zum Hochjochhospiz, 2412 m, 2½ Std.
Gipfel: Weißkugel, 3738 m: Von der Hütte aus nehmen wir den nach Westen führenden Weg (Nummer 5), der westlich des Teufelsegg auf den Kamm führt. Wir bleiben am Grat und gehen weiterhin westwärts über das Steinschlagjoch, 3222 m, zum Hintereisjoch, 3460 m; von dort nordwärts zum Gipfel, 4 Std.

4) Vernagthütte (Würzburger Haus), 2755 m (E 4), Alpenverein, Post A-6458 Vent, Tel. im Tal 0 52 54/81 28, im Frühjahr und Sommer bewirtschaftet.
Zugang: Der Rofenache entlang wandert man am Weg 902 (Zentralalpenweg 02) zur ersten Weggabelung auf der Höhe 2096 m. Von hier aus führt die Materialseilbahn zur Vernagthütte. Wir aber biegen nach rechts auf den Weg 920 ein, der uns, beim Vernagtegg vorbei, dem Vernagtbach entlang, zur Hütte bringt, 3½ Std.
Übergänge: Zur Breslauer Hütte, 2844 m, 2 Std. (Seufertweg); zum Brandenburger Haus, 3274 m, 2½ Std.; zum Hochjochhospiz, 2412 m, 2 Std.
Gipfel: Fluchtkogel, 3497 m: Von der Hütte aus wandern wir am linken Moränenwall des Guslarferners aufwärts zum Oberen Guslarjoch, 3361 m, zwischen Kesselwandspitze und Fluchtkogel. Wir steigen aber vom Joch nordwärts zum Gipfel aufwärts, 2½ Std. – **Wildspitze**, 3768 m: Von der Hütte nehmen wir den Weg in nordöstlicher Richtung, den Vernagtferner überquerend, und erreichen so das Brochkogeljoch, 3423 m, südlich der Petersenspitze. Vom Joch geht es leicht abwärts, unter dem Hinteren Brochkogel vorbei und nördlich des Mitterkarjoches nach Osten weiter zur Wildspitze, 4½ Std. – **Hochvernagtspitze**, 3535 m: Hinter der Hütte beginnt ein Moränensteig in nordwestlicher Richtung; ungefähr auf der Höhe der Hintergraslspitze betreten wir den Großen Vernagtferner, über welchen wir, immer mäßig ansteigend, den Gipfel erreichen, 3½ Std.

ZWIESELSTEIN

Dorf der Gemeinde Sölden (L/M 2), Bez. Imst, Höhe: 1470 m, Postltz.: A-6450. **Auskunft:** Tourismusverband, Tel. 0 52 54/22 12 (510-0), Fax 31 31. **Bahnstation:** Ötztal-Bahnhof (43 km). **Busverbindung:** Durch das Ötztal.

Zwieselstein hat seinen Namen von „Zwiesele = zweiteilen"; hier gabelt sich das Ötztal in seine zwei obersten Äste: In das Gurgler und Venter Tal. Das kleine Kirchlein Mariahilf wurde 1747 – 49 erbaut.

PITZTAL

Die Bahnstation Imst/Pitztal (Strecke Innsbruck – Arlberg) ist zugleich Ausgangspunkt zum zweitgrößten Tal der Ötztaler Alpen. Fast 40 km zieht es sich ins Gebirge hinein und wird von der Pitze entwässert. Dieser von den Gletschern genährte Bach hat dem Tal seinen Namen gegeben. Je weiter der Wanderer in das innere Pitztal kommt, um so mehr treten die Berge beiderseits näher an das Ufer. Von Mittelberg laden zahlreiche Wege zu Bergfahrten in die „Märchenwelt" der Gletscher und Firne ein. Am Mittelbergferner steht ein Ganzjahresschigebiet zur Verfügung. Durch das Pitztal führt der Europäische Fernwanderweg E5 (siehe Seite 5).

Pensionen-Appartements, Ferienwohnungen und alles für Sport und Freizeit im Pitztal

Topadressen im

SPORTIV HOTELS
Mittagskogel
★★★★

Die Hotels in zentralster Lage inmitten des Pitztaler Wander- und Gletscher-skiparadieses. Idealer Ausgangspunkt für Wanderungen und Bergtouren auf die umliegenden Dreitausender.
Schlepplift und Langlaufloipe am Haus
Kulinarische Highlights aus Küche und Keller; Seminarraum, Kinderspielzimmer, Freizeitraum mit Billard, Spielautomaten, Tischtennis, Sauna, Dampfbad, Massage, Solarium, Whirlwanne und Ruheraum
Cafe Bistro am Platzl
Schirmhaserl Aprés Bar

Familie Walser Auer
A-6481 ST. LEONHARD
Mandarfen 86
Tel. 0043-5413-86386
Fax 86386-33
www.mittagskogel.at
e-mail: mittagskogel@tirol.com

LANDHAUS **Steinkogel**
FERIENHAUS **Steinkogel**

Ferienwohnungen (für 2 - 8 Personen)
Zimmer mit Frühstück
Sauna, Whirlwanne,

TAXIZENTRALE
Tel. 0664/2254445

Familie Christian Füruter
A-6481 ST. LEONHARD i. Pitztal
Plangeroß 85
Tel. 0043-5413-85095 · Fax 85095-5
www.steinkogel.at · e-mail: steinkogel@pitztal.at

Almen in St. Leonhard

Erleben Sie den Pitztaler Bergsommer in der
GLETSCHERSTUBE – INNERPITZTAL

Die Gletscherstube liegt auf der **Route des E5** und ist über einen flachen Weg von **MITTELBERG (letzte Bushaltestelle vom Tal) in 30 min.** oder mit Pkw erreichbar.

Von Ende Mai bis Anfang Oktober bewirtschaftet die Fam. Gundolf den Restaurantbetrieb mit herrlicher Sonnenterrasse und gemütlichem Stüberl. Dort werden hausgemachte Kuchen und Tiroler Spezialitäten zubereitet.

Die Schlafräume befinden sich im neuerrichtetem Anbau und bietet Platz für 16 Personen (Dusche, WC, Selbstverpflegerküche). Jedoch wird auch Halbpension angeboten. Voranmeldung wenn möglich! Auch wochenweise buchbar.

Diese Hütte im Tiroler Stil liegt am Fuße des Mittelbergferners und ist ein idealer Ausgangspunkt für Hochtouren, Mountainbiketouren, Haflingertrekking, Wanderungen, etc… und hat einen neuangelegten Klettergarten in Hüttennähe. Der Hüttenwirt ist Berg- und Schiführer.

Unweit befindet sich die Station für den **RUCKSACKTRANSPORT** zur Braunschweiger Hütte.

Postanschrift:

Familie Gundolf
Mandarfen 66, A-6481 St. Leonhard
Telefon 00 43/54 13/8 62 52
Telefax 00 43/54 13/8 63 56 21

Berghof Steinbock

Karin Falbesoner
Mittelberg 49 · A-6481 St. Leonhard
Telefon / Fax 0 54 13/8 62 38

Unser Berghof Steinbock liegt am Ende des Pitztales und bietet Bersteigern und Wanderern die beste Unterkunft. Gutbürgerliche Küche, Sonnenterrasse, Zimmer mit Dusche/WC/Balkon/TV. Bei uns sind E5 Wanderer (Lindau-Adria) herzlich willkommen.

Almhof

Frühstückspension
Apartments

Familie Alfred Eiter • A-6481 St. Leonhard • Tieflehn 69
Telefon 00 43 (0) 54 13/8 63 47 • Telefax 8 63 47-10

Familiär geführtes Haus im Herzen der Pitztaler Bergwelt, nur 1 km vom nächsten Ski- und Wandergebiet entfernt. Ruhige sonnige Hanglage am Waldrand. Komfortable Ferienwohnungen und Zimmer sowie ein Kinderspielplatz, gutmütige Haflinger für Trekkingtouren und Ausritte, Sauna und Solarium bieten Erholung für Groß und Klein.

Einer der bekanntesten Pitztaler ist Georg Matthäus Vischer (1628 – 1696); er war ein bedeutender Geograph und Kartenhersteller und bereiste dazu große Teile Mitteleuropas.

MANDARFEN

Weiler der Gemeinde St. Leonhard Innerpitztal (F/G 1), Bez. Imst, Höhe: 1675 m, Postltz.: A-6481. **Auskunft:** Tourismusverband, Tel. 0 54 13/82 16 und 506. **Bahnstation:** Imst (36 km). **Busverbindung:** Durch das Pitztal.
Bergbahnen: Gondelbahn, Sessel- und Schlepplifte.

Hüttenanstieg von Mandarfen aus:
Rifflseehütte, 2289 m (F 2), Alpenverein, Post A-6481 St. Leonhard, Tel. 0 54 13/82 35 und Tel. im Tal 0 52 52/64 74, im Frühjahr und Sommer bewirtschaftet.
Zugänge: a) Man steigt durch das Hirschtal empor, bis von rechts der Weg 926 (Cottbuser Höhenweg) einmündet. Wir wenden uns jedoch bei der Weggabelung links und erreichen das Gipfelrestaurant, 2291 m, welches oberhalb des Rifflsees liegt. Bis zum Restaurant führt auch eine Gondelbahn von Mandarfen herauf, wodurch sich der Anstieg um 2 Std. verkürzt. Wir wandern weiter dem See entlang, lassen den Muttenkopf, 2344 m, links liegen und gelangen so zur Hütte, 2½ Std. – b) Wir wandern ebenso in das Hirschtal, biegen jedoch bei der ersten Weggabelung links ab und steigen, unter der Gondelbahn hindurch, zur Hütte auf, 2 Std. – c) Von der Taschachalpe aus führt ein Fahrweg (Fahrverbot) in einigen Kehren, neben dem Seebach entlang, zur Hütte, 2 Std.
Übergänge: Zum Taschachhaus, 2432 m, 4 Std. (Fuldaer Höhenweg, siehe Seite 6); zur Kaunergrathütte, 2817 m, 4 Std. (Cottbuser Höhenweg, siehe Seite 6).
Gipfel: Rostizkogel, 3394 m: Von der Hütte geht es am Südufer des Rifflsees westwärts und entlang dem Rifflbach. Bei der ersten Weggabelung zweigen wir rechts ab und an den Katzenköpfen vorbei zum Rostizjoch, 3033 m. Vom Joch steigen wir in nördlicher Richtung über gut gestufte Felsen in leichter Kletterei zum Gipfel, 4 Std.

MITTELBERG

Weiler der Gemeinde St. Leonhard Innerpitztal (G 2), Bez. Imst, Höhe: 1736 m, Postltz.: A-6481. **Auskunft:** Tourismusverband, Tel. 0 54 13/82 16 und 506. **Bahnstation:** Imst (37 km). **Busverbindung:** Durch das Pitztal.
Bergbahnen: Stollenbahn „Pitz-Express", Gondelbahn, Sessel- und Schlepplifte (Ganzjahresschigebiet).

Mittelberg ist die letzte bewohnte Siedlung am Talschluß des Pitztals, am Fuße des Mittagskogels, 3159 m. Der Europäische Fernwanderweg E5 beginnt hier in das hochalpine Gletschergebiet der Ötztaler Alpen einzutreten.
Noch um das Jahr 1850 lag Mittelberg ca. 700 m vor der Gletscherzunge des Mittelbergferners. Ein gähnendes Gletschertor wölbte sich über der ausfließenden Pitze. Alljährlich führte der Pfarrer von St. Leonhard am Annatag (26. Juli) eine Prozession dorthin. Von einer ins Eis gehauenen Kanzel aus bat er um Schutz vor Verheerungen durch den Ferner. Heute noch verkünden die großen Seitenmoränen vom Gletschervorstoß vor mehr als 100 Jahren.

Hüttenanstiege von Mittelberg aus:

1) Braunschweiger Hütte, 2758 m (H 2), Alpenverein, Post A-6481 St. Leonhard im Pitztal, Tel. 0 54 13/82 36 und Tel. im Tal 0 54 13/5 35, im Frühjahr und Sommer bewirtschaftet.
Zugang: Der Pitze entlang führt unser Weg 918, der identisch mit dem Europäischen Fernwanderweg E5 ist. Der gut ausgebaute Weg bringt uns zum Gletscherstübele, 1891 m, von wo aus die Materialseilbahn auf die Braunschweiger Hütte führt. Wir aber bleiben am Weg 918, erblicken einen Wasserfall und erreichen, vorbei an der stark zurückgegangen Gletscherzunge des Mittelbergferners, die Hütte, 3 Std.
Gipfel: Siehe Seite 11.

2) Taschachhaus, 2432 m (E 3), Alpenverein, Post A-6481 St. Leonhard im Pitztal, Tel. 0 54 13/82 39 und Tel. im Tal 0 54 13/82 20, im Sommer bewirtschaftet.
Zugang: Man benützt den Weg 924, der uns in das Taschachtal bringt und nahezu immer dem Taschachbach entlang verläuft. Von beiden Seiten des Tales münden immer wieder kleinere Bäche in den Taschachbach. Immer gleichmäßig ansteigend führt uns der Weg zum Punkt 2043, von wo aus die Materialseilbahn zum Taschachhaus führt. Wir aber bleiben am Weg, der in Kehren, den Sexegertenbach überquerend, zur Hütte aufwärts führt, 2 1/2 Std.
Übergänge: Zum Gepatschhaus, 1925 m, 4 1/2 Std.; zur Breslauer Hütte, 2844 m, 6 Std.; zur Rifflseehütte, 2289 m, 3 Std. (Fuldaer Höhenweg, siehe Seite 6); zur Braunschweiger Hütte, 2758 m, 4 1/2 Std.
Gipfel: Wildspitze, 3768 m: Von der Hütte aus nehmen wir den Rimlsteig, der uns südwärts auf den Taschachferner führt. Auf einer Höhe von ca. 2600 m gehen wir eben hinüber über den flachen Gletscher Richtung Brunnenkarkopf und am Moränenrücken aufwärts in Richtung Mittelbergjoch, 3166 m; Weiterweg siehe unter Braunschweiger Hütte. – **Ölgrubenkopf**, 3392 m: Von der Hütte aus gehen wir auf Weg 924, dem Sexegertenbach entlang, Richtung Südwesten, zum Sexegertenferner. Wir folgen diesem Steig aufwärts bis zu einem kleinen Gletschersee, der am Fuße der Zunge des vom Ölgrubenjoch herabziehenden Gletschers, liegt. Beim See zweigen wir rechts ab und über Schutt und Firn gelangen wir auf den Gipfel, 3 Std. – **Bliggspitze**, 3453 m: Von der Hütte aus gehen wir auf Weg 924, dem Sexegertenbach entlang, Richtung Südwesten zum Sexegertenferner. Die Gletscherzunge lassen wir links liegen: Wir überqueren den Bach und steigen jenseits über Blockwerk steil aufwärts zum Vorderen Ölgrubenferner und weiter zum Bliggschartl, 3210 m. Wir gehen über den Sattel nördlich weiter und über Firnhänge und Geröll zum Gipfelgrat und Ziel, 3 1/2 Std.

PLANGEROSS

Dorf der Gemeinde St. Leonhard Innerpitztal (F 1), Bez. Imst, Einw. (St. Leonhard gesamt): 1500, Höhe: 1612 m, Postltz.: A-6481. **Auskunft:** Tourismusverband, Tel. 0 54 13/82 16 und 83 10, Fax 83 49. **Bahnstation:** Imst (34 km). **Busverbindung:** Durch das Pitztal.

Plangeross liegt weitausbreitend auf einer Wiesenfläche, im Talhintergrund der Mittagskogel, 3159 m. Westlich zweigt das noch unberührte Plangerosstal ab, dessen höchste Umrahmung die Watzespitze, 3532 m, ist. Plangeross ist das letzte Kirchdorf des Tales. Der Ort wurde schon 1370 als „Plancherous" erwähnt.

Hüttenanstiege von Plangeross aus:

1) Chemnitzer Hütte, 2328 m (G 1), Alpenverein, Post: A-6481 St. Leonhard im Pitztal, Tel. im Tal. 0 54 13/2 26, im Sommer bewirtschaftet.
Zugang: Man wandert vom Parkplatz zwischen Weißwald und Plangeross weg und steigt am Weg 911, dem Kitzlesbach entlang, in vielen Kehren steil zur Hütte empor; im Hintergrund erstreckt sich das Weißmaurachkar, 2 Std.
Übergang: Zur Braunschweiger Hütte, 2758 m, 10 Std. (Mainzer Höhenweg, nur für Geübte, siehe Seite 6).

2) Kaunergrathütte, 2817 m (E 1), Alpenverein, Post: A-6481 St. Leonhard im Pitztal, Tel. 0 54 13/82 42, im Sommer bewirtschaftet.
Zugang: Man wandert in einigen steilen Kehren am Weg 927 bis zum Wasserfall des Lussbaches und dann über die Plangerossalpe weiter. Von links mündet der Weg von der Rifflseehütte (Cottbuser Höhenweg) ein. Wir bleiben aber am Weg 927 und gelangen über Moränenhänge hinauf zur Hütte, 3½ Std.
Übergänge: Zur Rifflseehütte, 2289 m, 3 Std. (Cottbuser Höhenweg, siehe Seite 6); zur Verpeilhütte, 2025 m, 3 Std.
Gipfel: Watzespitze, 3532 m: Von der Hütte aus steigen wir in Richtung Süden hinab auf den Plangerossferner und über diesen leicht ansteigend in Richtung Seekarlesschneid. Auf einer Höhe von ca. 2900 m biegen wir scharf nach Westen ab und auf der sehr steilen Gletscherzunge nördlich des ausgeprägten Felsgrates, je nach Verhältnissen steil empor in die Scharte zwischen Punkt, 3501 m, und Watzespitze. Von dort in anregender Kletterei über den Südgrat zum Gipfel, 4 Std. Achtung: Hochalpine Bergfahrt-Eisausrüstung unbedingt erforderlich.

KAUNERTAL

Im Oberinntal, bei Prutz, mündet der Faggenbach in den Inn. Ca. 30 km lang zieht sich die Straße durch das Kaunertal, mit dem Hauptort Feichten, bis zum Gepatsch-Stausee und weiter bis zum Restaurant am Weißseeferner (Mautstraße ab Feichten). Der Weißseeferner wurde mit mehreren Liften erschlossen und so zu einem weiträumigen Schigebiet ausgebaut.
Das Kaunertal entwässert den Nordwesten der Ötztaler Alpen; günstige Voraussetzungen boten sich für die Errichtung des Gepatsch-Stausees, in den sowohl Druckstollen vom Westen (Bereich Glockturmkamm) als auch vom Osten (Fassung südlich von Mittelberg im Pitztal) münden. Das gestaute Wasser wird zur Gewinnung elektrischer Energie in Stollen zum talauswärts gelegenen Kraftwerk bei Prutz geleitet. Das gesamte Einzugsgebiet beträgt derzeit etwa 287 Quadratkilometer. Die riesigen Gletscher der Ötztaler Alpen sichern einen gleichbleibenden Wasserhaushalt. Das Kaunertal-Kraftwerk zählt zu den größten Speicherkraftwerken der Alpen; es ist seit dem Jahr 1965 in Betrieb.

FEICHTEN

Dorf der Gemeinde Kaunertal (C 1/2), Bez. Landeck, Einw. (Kaunertal gesamt): 600, Höhe: 1289 m, Postltz.: A-6524. **Auskunft:** Tourismusverband, Tel. 0 54 75/29 20, Fax 29 29. **Bahnstation:** Landeck (26 km). **Busverbindung:** Durch das Kaunertal.
Bergbahnen: Sessel- und Schlepplifte.

Das Dorf Feichten (ursprünglich „bei den Feichten“ = Fichten) ist die

letzte Siedlung im Kaunertal und zugleich Sitz der Gemeinde Kaunertal, zu der auch der Wallfahrtsort Kaltenbrunn gehört. Die Gegend wurde im 14. Jh. besiedelt. Große Almen bedecken ein weites Gebiet des Tales; in seinen Seitentälern und Karen befindet sich beachtlicher Wildbestand (auch Steinwild). Feichten liegt in einer Talweitung zu beiden Seiten des Faggenbaches. Beiderseits steigen die Berge steil an. Die Pfarrkirche zur Hl. Dreifaltigkeit wurde 1789 – 1792 erbaut. Interessant ist ein Besuch im Talmuseum Kaunertal (Schwerpunktsthemen: Bergbau, Jagd, bäuerlicher Hausrat, Entwicklung des Alpinismus, Flachs- und Wollbearbeitung).
Im Talhintergrund steht die eisschimmernde Weißseespitze, 3518 m. Die Umgebung ist reich an Wasserfällen. Von Feichten führt die bestens ausgebaute Mautstraße zum Gepatsch-Stausee und weiter zum Kaunertal-Gletscherschigebiet in herrlicher Lage auf dem Weißseeferner.

Hüttenanstiege von Feichten aus:
1) Brandenburger Haus, 3274 m (D 4), Alpenverein, Post A-6458 Vent, Tel. 0 52 56/524 und Tel. im Tal 0 52 56/212, im Sommer bewirtschaftet.
Zugang: Der Anstieg erfolgt vom Gepatschhaus (siehe dort) aus zur Rauhekopfhütte (siehe dort). Von dort geht es am Weg 902 (Zentralalpenweg 02) östlich des Rauhen Kopfes, 2989 m, weiter. Der Weg führt gleichmäßig ansteigend über den Gepatschferner (Vorsicht Spalten!) zur Hütte, in deren Hintergrund sich die Dahmannspitze, 3397 m, erhebt, 6 Std.
Übergänge: Zur Vernagthütte, 2755 m, 2 Std.; zum Hochjochhospiz, 2412 m, 2 1/2 Std. (Deloretteweg); zur Rauhekopfhütte, 2731 m, 2 1/2 Std.
Gipfel: Siehe Seite 15.

2) Gepatschhaus, 1925 m (C 3), Alpenverein, Post A-6524 Feichten, Tel. 0 54 75/ 2 15 und Tel. im Tal. 0 54 42/6 38 14, im Sommer und nach Vereinbarung bewirtschaftet.
Zugang: Man erreicht das Haus auf einer gut ausgebauten Straße (Mautstraße ab Feichten), die zuerst dem Faggenbach und dann ab dem Staudamm östlich des Gepatsch-Stausees entlang führt.
Übergänge: Zur Rauhekopfhütte, 2731 m, 3 Std.; zum Taschachhaus, 2432 m, 5 Std.
Gipfel: Glockturm, 3353 m: Vom Gepatschhaus aus am Weg 902 (Zentralalpenweg 02) zuerst Richtung Süden und nach der Oberen Birgalphütte westwärts an zwei kleinen Seen vorbei zum Riffljoch, 3146 m, nördlich des Rifflferners. Vom Joch steigen wir südwärts über den Blockgrat steil hinauf zum Gipfel, 5 Std. – **Hintere Ölgrubenspitze**, 3295 m: Von der Hütte aus führt unsere Bergtour am Weg 924, den Ölgrubenbach überquerend, Richtung Südosten. Mäßig ansteigend verläuft unser Weg bis zum Ölgrubenjoch, 3044 m. Vom Joch über Firnfelder und Blockwerk südwärts und über einen Firnkamm zum Gipfel, 4 1/2 Std.

3) Rauhekopfhütte, 2731 m (C 4), Alpenverein, Post A-6524 Feichten, Tel. 0 54 75/2 15, im Sommer beaufsichtigt und bewirtschaftet.
Zugang: Vom Gepatschhaus (siehe dort) dem Bach entlang bis zur Weggabelung, bei der unser Weg 902 (Zentralalpenweg 02) nach links abbiegt. Einige kleinere Bäche überquerend, erreicht man die Gletscherzunge des Gepatschferners. Diese überqueren und anschließend über den Steig zur Hütte, 3 Std.

Übergang: Zum Brandenburger Haus, 3274 m, 3 Std.
Gipfel: Weißseespitze, 3518 m: Von der Hütte aus gehen wir am Weg 902 südwärts, rechts von uns erhebt sich der Rauhe Kopf, 2989 m. Bei der ersten Weggabelung, bereits am Gepatschferner, zweigen wir nach rechts ab und gehen (steil!) über den Gletscher, südlich des Zahns, 3377 m, zum Gipfel, 3 Std.

SÜDTIROL

Hüttenanstieg von Melag aus:
Weißkugelhütte (Rif. Pio XI alla Palla bianca), 2542 m (B 5), CAI, I-39020 Graun im Vinschgau, Tel. 04 73/63 31 91 (Vorwahl von Österreich nach Italien: 00 39), im Frühjahr und Sommer bewirtschaftet.
Zugang: Wir wandern das Langtauferer Tal einwärts am Weg 2 bis zur Melagalm, 1913 m. Von dort aus führt die Materialseilbahn zur Hütte. Wir aber bleiben nördlich des Karlinbaches und steigen in vielen Kehren aufwärts an einer Quelle vorbei und gelangen so zur Hütte, die oberhalb der Gletscherzunge des Langtauferer Ferners liegt, 2½ Std.
Übergang: Zum Brandenburger Haus, 3274 m, 3 Std. (Richterweg).
Gipfel: Weißkugel, 3738 m: Von der Hütte ostwärts und leicht absteigend auf den Langtauferer Ferner. Auf diesem weiter bis zu den Felsen der Vernaglwand. Von links mündet der Weg (Steiganlage), der vom Brandenburger Haus herführt. Wir gehen rechts, unter dem Langtauferer Joch und der Langtauferer Spitze, zum Weißkugeljoch, 3356 m. Von dort die Nordostflanke aufwärts zum Gipfel, 4 Std. – **Weißseespitze**, 3518 m: Von der Hütte aus gehen wir am Richterweg ostwärts; südlich von uns erstreckt sich der Langtauferer Ferner und nördlich erheben sich die Langtauferer Eiswände. Bei der ersten Wegkreuzung zweigen wir links ab und stoßen nach der Kammüberschreitung (Staatsgrenze) auf den vom Brandenburger Haus kommenden Weg (Gletscher!). Diesem folgen wir nun nordwestlich und erreichen so den Gipfel, 3 Std.

Hüttenanstieg von Pfelders aus:
Planfernerhütte (Zwickauer Hütte, Rif. Plan), 2979 m (M 5), CAI, I-39010 Moos in Passeier, Tel. 04 73/64 35 45 (Vorwahl von Österreich nach Italien: 00 39), im Sommer bewirtschaftet.
Zugang: Westlich von Pfelders befindet sich die Talstation der Materialseilbahn zur Hütte. Wir aber nehmen den Weg 6 A, der uns über die Untere Schneidalm, 2159 m, zur Oberen Schneidalm, 2372 m, und zur Hütte führt, 4 Std.
Übergang: Zur Eisjöchlhütte (Stettiner Hütte), 2875 m, 3 Std. (Pfelderer Höhenweg).
Gipfel: Hinterer Seelenkogel, 3470 m: Von der Hütte führt der Weg direkt westwärts, steil ansteigend, zum Gipfel, 1½ Std. – **Scheiberkogel**, 3133 m: Von der Hütte steigen wir über den Planferner nordwärts zum Rotmoosjoch, 3055 m, auf und weiter ostwärts zum Gipfel, 1 Std.

Wichtige Telefonnummern in Österreich:
Rettung/Notarzthubschrauber: 144
Wetterdienststelle: 05 12/28 17 38
Lawinenwarndienst: 05 12/58 18 39

Watzespitze, 3532 m

The Kompass Hiking Map, scale 1:25 000, Sheet 042, 'Upper Ötz Valley – Gurgler Valley – Venter Valley,' shows the Central Alpine region with the Ötz Valley. This valley runs north-south and divides the mountainous region between the Reschen Pass and the Brenner Pass into the Ötz Valley Alps and the Stubai Valley Alps. The division between these two groups of mountains continues across the Timmelsjoch from Zwieselstein.

Easily recognized on the map are the three large valleys, the Kauner, the Pitz and the Ötz, all of which have the north-south orientation in common. Chains of mountains run almost parallel to these valleys; from west to east, these are the Glockturmkamm, the Kaunergrat and the Geigenkamm. Extensive glacier-covered massifs are found in the Ötz Valley Alps, e. g. the Weisskamm with Austria's second highest peak, the Ötztaler Wildspitze, with an elevation of 3768 meters. The highest peaks toward the south, like those of the Schnalskamm chain, make up the border between Italy and Austria. Along the southern and eastern edges of the map is the Texel Group National Park, which covers a vast area in South Tyrol (Passeier Valley, Italy). The mountainous massif on the northeastern corner of the map, the Stubai Alps, contains numerous peaks over 3,000 meters, the highest of which is Zuckerhütl, with an elevation of 3507 m.

The Ötz Valley Alps form a classical ski touring region, and for this reason many Alpine touring routes have also been included on this map. The vast surfaces of the glaciers often provide wonderful descents, as well as the opportunity to climb some of the region's peaks, e.g. Hochwilde, Weisskugel and Weißseespitze. The many mountain refuges and huts serve as mountaineering bases in spring and summer. Particularly in the glacier regions, one must not only be a proficient skier, but also have a good deal of mountaineering expertise and experience.

Geologically, the region is comprised of two zones distinctly separate from one another; the northern zone with its bizarre forms is made up of true orthogneisses which penetrated the sedimentary rock beds as a molten mass from the earth's interior. Along the Kaunergrat chain, we find biotite-granite gneisses predominantly with quartz and feldspar. In contrast, south of the line traced by the communities of Langtaufers, Gepatsch, Mittelberg and Sölden, we find slates and gneiss-mica schists. The mountains here are more rounded and, unlike their northern neighbors, are no longer as jagged and sharp. South of the Schnalskamm ridge, we find diverse types of mica schists. In the area of the Central Main Ridge in the Gurgl region (between Königskogel and Karlesspitze), gray garnet-mica schists predominate, and dark green amphibolite, yellow quartzites, up to fist-sized garnets, and dark green hornblendes are found as well.

In the Stubai Alps, Triassic limestone shoals were pushed up over the darker Precambrian bedrock base; weathering and erosion have molded these shoals into the jagged pinnacles and peaks which give this Alpine landscape its particular beauty.

In the Stubai and Ötz Valley Alps, glaciers cover an area of approximately 350 square kilometers. These ice masses perpetually carve out the valleys, the boulders and rocks they contain scouring and leveling the surrounding terrain. The glaciers are also the reason why many of the peaks which penetrate the ice masses have been reduced to harmless rock giants; their earlier jagged appearance has been smoothed by the relentless action of the glaciers.

The **continental climate,** characterized by low precipitation, cold, snowy winters, and dry, warm summers, only permits the existence of such hardy plants as have been able to adapt to these contrasts. Only seldom are pine and beech encountered. Spruce and larch forests, mountain maple, Scotch elm and European mountain ash are found at mid-range elevations. For the most part, larch and cembra pine comprise the tree line, which lies at an elevation of approx. 2200 m. The most beautiful cembra pine forests are located in the isolated Radurschel Valley. Some of the rare plants growing at higher elevations are the delicate 'Gamshaar,' the cobweb houseleek and the Piedmont primrose. It is also possible to find yellow genipi, Alpine avens and the golden star-shaped blossoms of the leopardsbane in some places. Above the 3000-meter belt, there is no longer a continuous cover of grass. The few flowering plants growing here are robust and brightly colored; leaves are usually hairy and protected by mossy cushions which prevent the plants from drying out. Occasionally, the mountain climber will observe 'red snow' on the glaciers. This phenomenon is caused by microscopic algae which, in masses, become visible.

Please observe nature conservation laws! It is strictly prohibited to pick Alpine flowers and plants. But laws should not be necessary to keep hikers and mountaineers from picking the wide range of protected high-elevation Alpine flowers, uprooting young trees and taking them home.

The Ötz Valley – Stubai Valley Alpine region is also known for its abundance of wildlife. At the mid-elevation range, all known Alpine fauna, with a particularly abundant population of red deer, can be found. At higher elevations, climbers will mainly encounter chamois, marmots and eagles. The shy ibex also inhabits several sites.

Alpine Trails (map see page 5):

All information subject to change. Before beginning your hike or tour, please inquire in the valley about the times that mountain huts are open and/or whether it is possible to stay overnight. Caution: Be sure to take along appropriate equipment and apparel for glacier tours.

The E5 European Long-Distance Hiking Trail: Lake Constance – Adriatic Sea

From Wenns to Mittelberg it is best to take the bus. From Mittelberg, we hike to the Braunschweiger Hütte, 2758 m, over the Pitztaler Jöchl, 2996 m, into the Rettenbach Valley and on to the Rettenbachalm, 2145 m. The trail continues southward to the middle station, 2174 m, of the Ötz Valley Glacier Lift (Gaislacher Kogel) and leads down past the Gaislachalm, 1968 m, through the Vent Valley to Zwieselstein, 1470 m. From there, the trail continues on through the Timmels Valley and up to the Timmelsjoch, 2474 m (Austrian-Italian border). Then it's downhill into Italy and the Passeirer Timmelstal (valley), past the Schönaueralm to Rabenstein, and then through the Passeier Valley to Moos and St. Leonhard in Passeier.

Central Alpine Trail – 02: Feldkirch – Hainburg an der Donau
This trail comes from the Hohenzollernhaus (not shown on this map) and leads to the Gepatschhaus, 1925 m. From there, it leads across the main glacier massif of the Ötz Valley Alps to the Rauhekopfhütte, 2731 m. It then continues across the Gepatschferner (glacier: caution, crevasses!) to the Brandenburger Haus, 3274 m. Then via the Delorette Trail, we reach the Hochjochhospiz, 2412 m; from there, we can continue along the Titzenthaler Trail to Vent. From Vent, the trail leads up to the Ramoljoch, 3189 m, and across the Ramolferner (glacier) down to the Ramolhaus, 3005 m. Hiking out of the valley, take a look back for a magnificent view of the Gurgler Ferner (glacier) before reaching the resort town of Obergurgl. We continue down the Gurgler Valley to Zwieselstein, and from there go on to Rettenbach/Sölden. From Sölden, we proceed through the Windach Valley to Gasthof Fiegl (inn) and $2^1/_2$ km past it we turn left onto the Aschenbrenner Trail to the Hildesheimer Hütte, 2900 m. From there, we continue upward across the Gaiskarferner (glacier) to the Fernaujoch, 3050 m. We cross the Fernauferner (glacier) and hike down to the Dresdner Hütte, 2308 m (Stubai Valley Glacier Ski Region), from where we take the Stubai Glacier Lift to the valley floor.

Mainz Alpine Trail: Chemnitzer Hütte, 2328 m – Braunschweiger Hütte, 2758 m
This Alpine trail leads along a number of high ridges and should only be taken by experienced climbers and mountaineers. From the Chemnitzer Hütte, we proceed eastward across a moraine fan, passing above a small lake, into the Weissmaurachkar (cirque) and then up to the Weissmaurachjoch, 2953 m. Turning south, we hike along the Geigenkamm (ridge); to our right we have Puitkogel, 3343 m, and Sonnenkogel, 3166 m; to our left we see the Grubigkarle and the Silberkar (cirques). The trail is secured in some places. We remain on the ridge trail until we reach the Rheinland-Pfalz-Bivouac on Wassertalkogel, 3247 m (Alpine Club emergency shelter for nine persons, open year round; about 500 m north of here is a **short-cut** for the descent to the Pitz Valley). Leaving the bivouac, we remain on the ridge trail (exposed), which now leads south and takes us over Gschrappkogel, 3197 m, Wurmsitzkogel, 3079 m, and Polleskogel, 3032 m. Shortly thereafter, we reach the glacial off-shoots of the Rettenbachferner (Ötz Valley Glacier Ski Region) and a trail junction. Here, the E 5 European Long-Distance Hiking Trail branches off to the left into the Rettenbach Valley; we, however, turn right onto Trail 918 and proceed to the Braunschweiger Hütte, via the Pitztaler Jöchl, 2996 m, 10 hours.

Cottbus Alpine Trail: Rifflseehütte, 2289 m – Kaunergrathütte, 2817 m
This well-known Alpine trail (for experienced hikers only) leads in a northerly direction from the Rifflseehütte and passes east of Rifflsee (lake) to reach the summit restaurant of the gondola lift from Mandarfen. We remain on this northbound trail (No. 926), pass to the east of Brandkogel and Steinkogel, and then follow the wide curve west. From the right, we are joined by Trail No. 927 from Plangeross. We then continue westward on this steadily climbing trail until we reach the hut, 4 hrs.

Fulda Alpine Trail: Rifflseehütte, 2289 m – Taschachhaus, 2432 m
This Alpine trail (No. 925) leads up the valley from the southeast shore of the lake across the Taschachalpe, high above the Taschach Valley. We cross small mountain brooks and pass beneath the peaks of Vordere

and Hintere Köpfle, until we reach a trail junction. Turning left out of the valley on Trail No. 924, we soon reach the Taschachhaus, 4 hrs.

Ötz Valley 'Jungschützen' Trail
This long-distance hiking trail begins at the Ötz Valley Railroad Station and leads across fields and meadows, through forests, finally into more mountainous terrain, through the entire Ötz Valley to the glacier-covered regions. The trail forks in Zwieselstein; one branch leads via Vent up to the Martin-Busch-Haus, 2501 m, and the other goes through Obergurgl to the Ramolhaus, 3006 m.

THE ÖTZ VALLEY

When you hear mountain enthusiasts talk of the Alpine magic of Tyrol, it is usually the glacier-covered realm of the Ötz Valley that they mean. Images are recalled of hikes along the rushing mountain river, climbing up the valley terraces at Ötz, Umhausen, Längenfeld and Sölden, and ascending into the glistening frozen domain ruled by Wildspitze, 3768 m, Weisskugel, 3738 m, or Similaun, 3599 m. The 70-km-long Ötz Valley with its mountain communities is the ideal setting for rest, relaxation and recreation, whether in spring, summer, autumn or winter. The good road leads high up into the Ötz Valley, bringing tourists to the last terrace at Sölden.
The Vent and Gurgler Valleys branch off near Zwieselstein. The Timmelsjoch Road (toll road) winds through the Gurgler Valley to the 2474-m-high Timmelsjoch (Austrian-Italian border). This road, which connects the Ötz Valley and the Passeier Valley in South Tyrol, is only open during the summer months. The earliest efforts to develop the Tyrolean Alps for tourism began in the Ötz Valley, which was also the cradle of the 'Austrian and German Alpine Club.' One of the Club's founders was Franz Senn, who served as a priest in the mountain village of Vent from 1860 to 1872, and as one of the earliest Alpine pioneers was the first to conquer the Ötz Valley's icy giants, build Alpine huts and train mountain guides. Over the past several decades, during which the Ötz Valley has been increasingly opened to the world of international Alpinism, the valley's communities have developed into substantial villages and towns. Lovely residences and inns built in local Tyrolean architectural styles and often decorated with frescoes encircle the village church, which usually towers above the other structures on a rocky pedestal. At higher elevations, where the alms, or mountain meadows and dairies, are located, age-old farmsteads occupy the sunny slopes. According to legend, the Rofenhöfe, 2011 m, the highest farmsteads in the Eastern Alps to be inhabited year round, provided Duke Friedrich refuge during his flight after being banned by the Council of Constance in 1416. The Duke, to express his gratitude for receiving sanctuary in the Hochjochferner glacier region, granted the Rofenhöfe special rights (e.g. tax exemptions); whoever sought refuge within the farmsteads' walls found sanctuary there. The Rofenhöfe are inhabited to this day; they now have a fully developed infrastructure and road access, making them a popular excursion destination. Both summer and winter tourism in the Ötz Valley have grown considerably over the years. There are numerous cable cars and lifts at the year-round glacier ski resorts on the Rettenbachferner and the Tiefen-

bachferner glaciers (toll road), in the Gurgl-Hochgurgl ski area and in Sölden-Hochsölden. Every effort has been made to provide visitors and local residents with an excellent network of hiking trails and panoramic views. About one hundred years ago, Sebastian Finsterwalder began his glacier research on the Vernagtferner (glacier) at the innermost point of the Ötz Valley Alps; measurements and observations are carried out to this day. The meteorological station near the Vernagthütte, several ombrometers and a climate station record the most recent results on a continuous basis.
A centuries-old tradition in the Ötz Valley Alps is the June sheep drive, during which thousands of sheep and their shepherds move from South Tyrol's Vinschgau region across the Italian-Austrian border to the mountain pastures, or 'alms,' in the Ötz Valley of North Tyrol, many utilizing the Niederjoch Pass (east of the Similaunhütte).
The traditions and customs of the Ötz Valley are most readily observed in the age-old local dress, which is worn with pride at fairs, for processions, militia festivals (Schützenfeste), memorial celebrations, etc. The men wear dark brown jackets and broad-brimmed, yellow hats decorated with green ribbons. The women wear pleated skirts, extravagantly embroidered bodices and the traditional high, pointed wool caps. An article of women's clothing particular to the Ötz Valley are the thick, woolen knee socks known as 'höslen.'
The Ötz Valley was also home to several important Austrians. The founder of the Austrian Alpine Club, the priest Franz Senn, is joined by the priest from Gurgl, Adolf Trientl, who earned the nickname 'Tyrol's Manure Apostle' for his trailblazing and successful support of Tyrolean agriculture, particularly in his home valley. An outstanding professor at the University of Salzburg, Dr. Josef Anton Schöpf, a clerical scholar, was born in Umhausen in 1822.

HEILIGKREUZ

Sölden Township settlement (K 3), Imst County. Elevation: 1711 m. Postal Code: A-6450. **Information:** Tourist Office – Tel.: 0 52 54/22 12 (510-0), Fax: 31 31. **Railroad Station:** Ötztal-Bahnhof (48 km).

Heiligkreuz is a small settlement comprised of several scattered groups of houses. It also has its own church. From the Church of the Finding of the Holy Cross (built in 1804), there is a beautiful view through the Vent Valley to the Stubai mountains. The hamlets of Puit, Raindl, Lehn, Haslpuit, Neder and Freistabl are located further down the valley. In the opposite direction, toward Vent, one passes through the hamlets of Seiten and Winterstall. A good road leads from Zwieselstein through Heiligkreuz to the Rofenhöfe in Vent.

OBERGURGL

Village of Sölden Township (L/M 3-4), Imst County. Elevations: Untergurgl, 1790 m; Obergurgl, 1907 m; Hochgurgl, 2154 m. Postal Code: A-6456. **Information:** Tourist Office – Tel.: 0 52 56/466, Fax: 3 53. **Railroad Station:** Ötztal-Bahnhof (50 km). **Bus service** throughout the Ötz Valley and across the Timmelsjoch to South Tyrol (only in summer).
Lifts: Cable Car, numerous chairlifts and T-bar lifts; the Gaisberg Lift and Hohe Mut Lift operate in summer.

Obergurgl is the Tyrol's highest community with a church. It is nestled amidst lush, green mountain meadows (alms) surrounded by a magnif-

icent glacier landscape. Both summer and winter, the communities of Untergurgl, Obergurgl and Hochgurgl are popular resorts and serve as the starting points for numerous beautiful mountain and glacier excursions.
The steepled Church to St. John of Nepomuk was built in 1726 and consecrated in 1737 with an altar to St. John of Nepomuk; it was enlarged in 1967 according to plans by Clemens Holzmeister.
Settlement of the valley took place from South Tyrol, the first immigrants supposedly settling and building a house on the 'Kleines Alple,' a good hour up the valley from present-day Obergurgl. The name of a later, possibly even the last, owner of this mountain farmstead is said to have been Blasius Rutsch. He is purported to have had three daughters, all of whom were killed by an avalanche while on their way to church in Umhausen. They therefore must have lived prior to the time that Sölden or Längenfeld had their own parishes, which were first established in 1469. About 100 years ago, an ancient homestead mark and the remnants of a well-fed watering trough dated 1410 and bearing the initials 'B. R.' were discovered on the site of the farmstead ruins.
Obergurgl became known throughout the world on May 27, 1931, when Professor Piccard's stratospheric balloon went down on the Gurgler Ferner (glacier).
One of Obergurgl's special attractions is the **cembra pine forest,** declared a natural landmark in 1963. The forest covers an area of around 20 hectares, starts at the southern edge of town and stretches between an elevation of 1950 m and 2180 m. There are signs providing detailed information about individual trees, shrubs and plants at 22 sites along the **nature trail** leading through the 'Zirbenwald.' A visit here is well worthwhile for any hiker. Please remember that picking any of the plants here is strictly prohibited!
Hochgurgl is a modern hotel community on the toll road leading to the Timmelsjoch, which in summer serves as a pass route to South Tyrol. Hochgurgl's excellent reputation as a winter sport resort is due to its ideal skiing terrain.

Mountain Huts Accessible from Obergurgl:
1) Hochwildehaus, 2866 m (K 5). Alpine Club. Mailing address: A-6456 Obergurgl. Tel.: Via the Langtaleregghütte 0 52 56/2 33; in valley, 0 52 53/53 96. Open in spring and summer.

Access route: Hike up to the Langtaleregghütte (see there for route). From there, a supply lift also goes up to the Hochwildehaus. The trail, still No. 922, leads southward down into the Lang Valley and then curves west. Continue on the trail until you pass the rocky ridge of the Schwärzenkamm to reach the hut high above the Gurgler Ferner (glacier), 4 1/2 hrs.
From the Hochwildehaus to: Langtaleregghütte, 2430 m, 1 3/4 hrs; Ramolhaus, 3005 m, 3 hrs.
Peaks: Hochwilde, 3480 m: From the hut, we climb up along the west slope of the Schwärzenkamm and southwest across the Gurgler Ferner (glacier). The Schwärzenjoch and Annakogel are to our left as we climb up to the firn-covered ridge, 3290 m, between Annakogel and the Nördliche Hochwilde. We follow this ridge, which requires some easy climbing, to continue up to the summit of the Nördliche Hochwilde, 3458 m.

The passage to the Südliche Hochwilde, 3480 m, requires some easy climbing, 4 hrs. – **Schalfkogel**, 3537 m: Starting from the Hochwildehaus, we traverse the Gurgler Ferner (glacier) in a westerly direction at an elevation of approx. 2800 m. We then follow the Kleinleitenferner (glacier) up to the Schalfjoch, 3375 m. After that, we proceed up the steep rock ridge, followed by more gently inclined rock and talus slopes to reach the summit, 4 hrs.

2) Langtaleregghütte (Karlsruher Hütte), 2430 m (K/L 5). Alpine Club. Mailing address: A-6456 Obergurgl. Tel.: 0 52 56/2 33; in valley, 0 52 53/53 96. Open in spring and summer.
Access route: Hike up Trail No. 922, which climbs steadily to the south until you reach the Schönwieshütte, 2266 m, at the mouth of the Rotmoos Valley. From there, cross the Gurgler Grossalm, high above the Gurgler Ache (river), and proceed on to the hut, 2 1/2 hrs.
From the Langtaleregghütte to: Hochwildehaus, 2866 m, 2 hrs; Ramolhaus, 3005 m, 3 hrs.
Peaks: Vorderer Seelenkogel, 3286 m: From the hut, we first hike to the south and then, at an elevation of about 2600 m, we turn east onto

Mittelbergjoch, 3166 m, mit/with/con la Wildspitze, 3768 m

the southern section of the Seelenferner (glacier); climbing over blocky boulders and firn fields, we reach the summit, 4 hrs. – **Langtaler Jochspitze**, 3155 m: From the hut, we follow the trail south to the Hochwildehaus. Rather than crossing the glacial stream exiting below the Langtaler Ferner (glacier), we turn left into the valley and climb up the Langtaler Ferner to the Langtaler Joch, 3031 m. From there, we proceed along the firn-covered ridge and blocky boulders to the summit, 3 1/2 hrs.

3) Ramolhaus, 3005 m (K 5). Alpine Club. Mailing address: A-6456 Obergurgl. Tel. in valley: 0 52 56/2 23 or 2 24. Open in summer.
Access route: The route to the hut follows Trail No. 02 (Central Alpine Trail), which is identical to the Ötz Valley 'Jungschützen' Trail. We hike

up the valley far above the Gurgler Ache (river), cross several streams, continue past the Küppelehütte, 2303 m, on a steadily climbing trail leading beneath the sheer crags and steep rocky slopes extending downward from the Ramolkogel, to the hut, 4 hrs.
From the Ramolhaus to: Vent, 1895 m, 3 hrs; Langtaleregghütte, 2430 m, 2 hrs; Hochwildehaus, 2866 m, 1 1/2 hrs.
Peaks: Grosser Ramolkogel, 3549 m: From the Ramolhaus, head across the Köpfle to the Ramoljoch, 3189 m, and then across the Ramolferner (glacier). Traverse the glacier diagonally, going up between the Kleiner Ramolkogel and the Nördlicher Ramolkogel. After some easy climbing and crossing the snow-covered ridge, you reach the summit. Caution, snow cornices! 3 hrs. – **Schalfkogel**, 3537 m: We traverse the slopes south of the hut and then go south across the ice field located beneath the Firmisanschneid (Caution, crevasses!). The route becomes increasingly steep as we approach the Firmisanjoch, 3287 m. From there, we continue south along the broad firn ridge to the summit, 3 hrs. – **Hinterer Spiegelkogel**, 3424 m: From the hut, we hike northwards up the trail across the Ramolferner (glacier) to the Ramoljoch, 3189 m. From there, we traverse the Spiegelferner (glacier) up to the summit, 2 1/2 hrs.

SÖLDEN

Township and **Hochsölden,** hamlet of Sölden (K/L 1), Imst County. Total Population: 3250. Elevations: Sölden, 1368 m; Hochsölden, 2083 m. Postal Code: A-6450. **Information:** Tourist Office – Tel.: 0 52 54/22 12 (510-0), Fax: 31 31. **Railroad Station:** Ötztal-Bahnhof (39 km). **Bus service** throughout the Ötz Valley.
Lifts: Cable cars, numerous chairlifts and T-bars.

'Nestled amidst lush mountain meadows, surrounded by dark emerald forests, dwarfed by the rocky giants of the Upper Ötz Valley'... such phrases are used by romanticists to describe this Tyrolean mountain village, which today is a first-class resort community.
The individual farmsteads, hamlets and villages lie widely scattered over the entire valley floor.
The township of Sölden covers the fourth terrace of the Ötz Valley and also includes the communities of Hochsölden and Zwieselstein. The Church of the Visitation of Our Lady is located in Rettenbach, where Rettenbach leaves the Rettenbach Glacier, formerly feared for its disastrous floods.
The Sölden area was probably inhabited at a very early date; this attractive community was first documented in 1250. The parish church is late Gothic and was initially documented in 1400. The interior of the church was remodeled in the baroque style around 1750 and there is a richly gilded statue of the Virgin Mary. The altars are particularly lovely and the cemetery is filled with wrought-iron crucifixes.
Hochsölden is a hotel community as well as a famous winter sports resort; it is located on the broad level tract west of Sölden. From Sölden, one can reach Hochsölden by car, by foot along several trails or by chairlift.

Mountain Hut Accessible from Parking Lot of Restaurant Rettenbachferner :
Braunschweiger Hütte, 2758 m (H 2). Alpine Club. Postal Code: A-6481 St. Leonhard im Pitztal. Tel.: 0 54 13/82 36; in valley, 0 54 13/5 35. Open in spring and summer.

Access routes: a) Take Trail No. 918 (E 5, European Long-Distance Hiking Trail) and hike along the Rettenbachferner (glacier) to the Pitztaler Jöchl, 2996 m. From there, hike downhill to the hut with Karleskopf, 2902 m, on your right, 1 hr. b) Take the chairlift from the restaurant, 2650 m, to the Rettenbachjoch, 2990 m, and then follow the trail down to the hut, 3/4 hr.
From the Braunschweiger Hütte to: Chemnitzer Hütte, 2328 m, 10 hrs (Mainz Alpine Trail, see page 25; for experienced climbers only); Breslauer Hütte, 2844 m, 5 hrs; Taschachhaus, 2432 m, 4 1/2 hrs.
Peaks: Wildspitze, 3768 m: From the hut, we cross the Karlesferner and the Mittelbergferner glaciers (Pitz Valley Glacier Ski Region) to reach the Mittelbergjoch, 3166 m. From there, we proceed down in a southerly direction across the short block-covered slope to the eastern edge of the Taschachferner (glacier). We then hike along the edge (Caution, crevasses!) and going east, cross the firn field beneath the Mitterkarjoch to reach Wildspitze, Tyrol's highest peak, 5 hrs. – **Linker Fernerkogel**, 3277 m: From the hut we follow the trail, which takes us south across the Karlesferner and the Hangender Ferner glaciers (Caution, crevasses!) and up to the summit, 2 hrs.

Mountain Huts Accessible from Sölden (town):
1) Brunnenkogelhütte, 2738 m (M 2). Austrian Tourist Club. Mailing address: A-6450 Sölden. Open in summer.
Access routes: From the Moosalm, take Trail No. 50 to the Brunnenbergalm (Falkner); snacks and beverages available. From there, branch off on Trail No. 171, which leads up to the hut below of Brunnenkogel, 2 1/2 hrs.
Peak: Rotkogel, 2894 m: From the hut, follow Trail No. 171 to the south along the ridge and proceed up to the summit, 1/2 hr.

2) Hildesheimer Hütte, 2900 m (O 1-2). Alpine Club. Mailing address: A-6450 Sölden. Tel.: 0 52 54/23 00; in valley, 0 52 54/20 90. Open in summer.
Access routes: Vehicle access possible to Granbichl. We then take Trail No. 102 (Central Alpine Trail 02) up the Windach Valley to Gasthaus Fiegl (inn), 1956 m, and continue up the slightly climbing trail to Elevation 2122 m (shown on map). A few meters to the east, there is a supply lift to the hut. At the elevation point, our trail (the Aschenbrenner Trail) branches off to the left, leads up the Falkenkar (cirque) in numerous serpentines and then continues to the hut, which lies near a lake and is surrounded by the glorious world of the glaciers, 5 hrs.
From the Hildesheimer Hütte to: Siegerlandhütte, 2710 m, 4 hrs; Dresdner Hütte (across the Fernaujoch), 2308 m, 2 1/2 hrs.
Peak: Zuckerhütl, 3507 m: From the hut, we follow the trail to the northeast, which takes us across the Pfaffenferner (glacier) to the Pfaffenjoch, 3213 m and the Pfaffensattel, 3344 m. From there, we proceed west to the summit, 3 hrs.

3) Hochstubaihütte, 3174 m (M 1). Alpine Club. Mailing address: A-6450 Sölden. Tel. in valley, 0 52 54/32 40. Open in summer.
Access routes: Vehicle access possible to Granbichl.
a) Following the trail into the Windach Valley, we take Trail No. 21, which branches off to the left at the first fork, up to the Kleblealm, 1983 m. From there we follow Trail No. 25 up into the Laubkar (cirque), past Laubkar-

see (lake) and proceed on to the hut south of the Wütenkarferner (glacier), 5 1/2 hrs. b) We take Trail No. 102 (Central Alpine Trail 02) into the Windach Valley until we reach Gasthaus Fiegl (inn), 1956 m. From there, we take the trail that leads north up numerous serpentines to Seekarsee (lake), 2658 m, go past an emergency shelter, and on to the hut, 5 1/2 hrs.
From the Hochstubaihütte to: Ambergerhütte, 2135 m, 3 hrs.
Peaks: Windacher Daunkogel, 3348 m: From the hut, we hike eastward across the Wütenkarferner (glacier) on the gently climbing trail to the Warenkarscharte, 3186 m. From there, the trail continues uphill to the north along precipices and blocky boulders to the summit, 1 1/2 hrs. – **Warenkarseitenspitze**, 3347 m: From the hut, we take the trail leading to the east and then hike southward across the tongue of the Warenkarferner (glacier) to the summit, 1 hr.

4) Siegerlandhütte, 2710 m (P 2). Alpine Club. Mailing address: A-6450 Sölden. Tel.: 0 52 54/21 42; in valley, 0 52 54/21 89. Open in summer.
Access routes: Vehicle access possible to Granbichl. From there, we take Trail No. 102 (Central Alpine Trail 02) into the Windach Valley until we reach Gasthaus Fiegl (inn), 1956 m, and continue uphill to Elevation 2122 m (shown on map). We proceed on Trail No. 139 up through the Windachklamm (gorge) until we reach the Triebenkarlasbach (stream), where the lower station of the supply lift to the Siegerlandhütte is located. We remain on our trail and climb the many serpentines to the hut, 5 hrs.
From the Siegerlandhütte to: Hildesheimer Hütte, 2900 m, 3 hrs.
Peak: Sonklarspitze, 3467 m: From the hut, we proceed northeast across the Triebenkarlasferner (glacier), the Scheiblehnwand rising steeply to our left. We continue up to Hohes Eis, 3392 m, and then north along the firn-covered ridge to the summit, 3 hrs.

VENT

Village of Sölden Township (H 4), Imst County. Elevation: 1895 m. Postal Code: A-6458. **Information:** Tourist Office – Tel.: 0 52 54/81 93; Fax: 81 74. **Railroad Station:** Ötztal-Bahnhof (56 km). **Bus service** throughout the Ötz Valley.
Lift: Chairlift.

After Obergurgl, Vent is Tyrol's second-highest village with its own church. It enjoys a sunny location at a widening of the valley where the Nieder Valley and the Rofen Valley meet. The massive, pyramid-shaped Talleitspitze, 3406 m, with its abundant firn fields, towers above the picturesque Alpine village, which serves as the main starting point for a great number of mountain and glacier tours.
The first documented mention of settlers at „Vende" was made in the year 1241 although summer pasturage took place still earlier. It fell under St. Petersberg court jurisdiction. At a very early date, a Chapel of St. James existed here; a new chapel was built in 1702, which was destroyed by an avalanche a century later in 1802. The present-day church was built in 1862.

Mountain Huts Accessible from Vent:
1) Breslauer Hütte, 2844 m (G 4). Alpine Club. Mailing address: A-6458 Vent. Tel.: 0 52 54/81 56; in valley, 0 52 54/81 53. Open in summer.
Access route: Follow Trail No. 919, which leads uphill beneath the chairlift in numerous serpentines to the chairlift mountain station; take

the lift to reduce the hiking time by 1 hrs. Cross the Rofenbach (stream) below the tongue of the Rofenbachferner (glacier) and hike up to the hut, 3 hrs. (without the lift). There is a supply lift from the Rofenhöfe to the hut.

From the Breslauer Hütte to: Vernagthütte, 2755 m, 2½ hrs (Seufert Trail); Braunschweiger Hütte, 2758 m, 4 hrs; Taschachhaus, 2432 m, 4 hrs. The last two mentioned crossings are glacier traverses and should only be made with a rope and good equipment. Alpine experience is a must!

Peaks: Wildspitze, 3768 m: From the hut, we proceed upward and northwest across the Mitterkarferner (glacier) to the Mitterkarjoch, 3470 m, the lowest point between Hinterer Brochkogel and Wildspitze. Somewhat to the north, our trail branches off to the right and we thus approach the summit from the west, 3 hrs. – **Crossing** from the **Rofenkarjoch**, 3315 m to **Wildspitze**, 3768 m: From the hut, we proceed up to the Rofenkarferner (Caution, crevasses!) to reach the Rofenkarjoch. We then follow the long curve of the firn ridge over to Wildspitze, 4 hrs. – **Hinterer Brochkogel**, 3628 m: From the hut, we take the trail to the northwest across the Mitterkarferner (glacier) to the Mitterkarjoch, 3470 m. From there, we climb west across the rocky ridge to the summit, 3 hrs.

2) Martin-Busch-Haus (Neue Samoarhütte), 2501 m (G 5-6). Alpine Club. Mailing address: A-6458 Vent. Tel. in valley: 0 52 54/81 30. Open in spring and summer.

Access route: From Vent, we follow Trail No. 923 (Ötz Valley 'Jungschützen' Trail) south into the Nieder Valley. We hike into the valley on a wide path along the right bank of the Niedertalbach (stream), past a hunting lodge, and later past the shepherd's cabin, 2230 m. After crossing several small streams, we reach the hut, 3 hrs.

From the Martin-Busch-Haus to: Similaunhütte, 3017 m, 2 hrs.

Peaks: Kreuzspitze, 3455 m: From the hut, take the trail uphill to the northwest, past the ruins of the Brizzihütte and across the talus slopes south of the Rotkarferner (glacier), up to the summit, 3 hrs. – **Similaun**, 3599 m: From the hut, we follow the Niederjochbach (stream) and then take the trail across the Niederjochferner (glacier) to the Niederjoch and the Similaunhütte, 3017 m. We proceed up to the southeast across the somewhat steep firn fields parallel to the ridge and then up over the steeper firn ridge to the summit, 4½ hrs. A shorter route leads along the Marzellkamm (ridge) and the Niederjochferner (glacier) to Similaun, 4 hrs. – **Hintere Schwärze**, 3624 m: From the hut, we cross the Niederjochbach (stream) and proceed eastward on the Marzellferner (glacier), past 'In der Schwärze,' and climb up the glacier (Caution, crevasses!) to the north of the three Marzellspitze peaks (Westliche, Mittlere and Östliche); the trail becomes steeper as we approach the summit, 4½ hrs. – **Mutmalspitze**, 3522 m: From the hut, we cross the Niederjochbach (stream) and proceed eastward onto the tongue of the Marzellferner (glacier). We follow this up until we reach the Hinteres Schwärzenjoch, 3393 m (Caution, crevasses!) Crossing the rock-firn ridge with some easy climbing, we first head northwest and then west to reach the summit, 4 hrs. – **Fineilspitze**, 3514 m: From the hut, we follow the Niederjochbach (stream). Several smaller creeks enter the stream from the right. At 'Beim Bild,' we branch off to the right and proceed up to the Hauslabjoch, 3283 m. We then hike west from the saddle up along the steep, exposed ridge to the summit, 3½ hrs.

3) Similaunhütte (Rifugio Similaun), 3017 m (F 6). Privately owned. Mailing address: I-39020 Karthaus im Schnalstal. Tel.: 04 73/66 97 11. (Area code from Austria to Italy 00 39.) Owner: Pirpamer Family, Hotel Post, A-6458 Vent, Tel.: 0 52 54/81 19. Open in spring and summer.
Access route: First go to the Martin-Busch-Haus (see there for route). From there, continue uphill along Trail No. 16 along the Niederjochbach (stream) crossing several smaller creeks. The last trail section leads across the Niederjochferner (glacier; Austrian-Italian border), and we reach the hut after crossing the glacier's western edge, 4½ hrs.
From the Similaunhütte to: Martin-Busch-Haus, 2501 m, 1½ hrs.
Peaks: Fineilspitze, 3514 m: From the hut, we proceed west along the ridge, past the site where the "Iceman" or Tisenjoch Man from the third millenium BC was discovered, to reach the Hauslabjoch, 3283 m. Continuing west from the saddle along the steep, exposed ridge, we climb to the summit, 2 hrs. – **Similaun**, 3599 m: From the hut (Austrian-Italian border), we hike southeast on the somewhat steep trail along the ridge. On the increasingly steep trail, we proceed along the firn ridge to the summit, 2 hrs.

Mountain Huts Accessible from Rofenhöfe:
1) Brandenburger Haus, 3274 m (D 4). Alpine Club. Mailing address: A-6458 Vent. Tel. 0 52 56/524 and tel. in valley, 0 52 56/212. Open in summer.
Access routes: a) First go to the Vernagthütte (see there for route). From the Vernagthütte, the trail leads across the Guslarferner (glacier) to the Unteres Guslarjoch, 3312 m, and continues across the Kesselwandferner (glacier) to the Brandenburger Haus, 6 hrs. – b) First go to the Hochjochhospiz (see there for route). From there, take Trail No. 902 (Central Alpine Trail No. 02, Delorette Trail) west of the Guslarspitzen (peaks) up to the Brandenburger Jöchl, 3246 m. From there, take the trail across the Kesselwandferner (glacier) to the hut, 5½ hrs.
From the Brandenburger Haus to: Rauhekopfhütte, 2731 m, 2½ hrs; Hochjochhospiz, 2412 m, 2½ hrs (Delorette Trail); Weisskugelhütte, 2542 m, 3 hrs; Vernagthütte, 2755 m, 2½ hrs.
Peaks: Fluchtkogel, 3497 m: From the hut, we hike eastward across the Kesselwandferner (glacier) to the Oberes Guslarjoch, 3361 m, and then north up to the summit, 1½ hrs. – **Weisskugel**, 3738 m: From the hut, we descend to the Kesselwandjoch (climbing aids installed) and then proceed south across the Gepatschferner (glacier) to Elevation 2999 m (map). We then go down across the Vernaglwand's rock precipices and then traverse the Langtauferer Ferner (glacier) up to the Weisskugeljoch, 3356 m. From there we cross the northeast flank and climb the steep trail up to the summit, 5½ hrs. – **Weißseespitze**, 3518 m: From the Kesselwandjoch, south of the hut, we traverse the Gepatschferner (glacier) to the southwest in as straight a line as possible, climbing somewhat. We then turn to the west along the ridge (Austrian-Italian border) to reach the summit, 2½ hrs.

2) Hochjochhospiz, 2412 m (E 5). Alpine Club. Mailing address: A-6458 Vent. Tel.: in valley, 0 52 54/81 08. Open in spring and summer.
Access route: Follow the Rofenache (river) along Trail No. 902 (Central Alpine Trail 02) to the first fork at an elevation of approx. 2096 m. We

keep to the left, staying on Trail 902 (Titzenthaler Trail) and hike up into the Rofen Valley, crossing the Vernagtbach (stream) and other small creeks on our way up to the Hospiz, 2 1/2 hrs.

Weißkugel/Palla Bianca, 3738 m, mit/with/con il Hintereisferner

From the Hochjochhospiz to: Brandenburger Haus, 3274 m, 2$^1/_2$ hrs (Delorette Trail); Schöne Aussicht (Rifugio Bellavista), 2842 m, 2$^1/_2$ hrs; Vernagthütte, 2755 m, 2 hrs.

Peaks: Weisskugel, 3738 m: From the Hospiz, we proceed westward up the valley onto the tongue of the Hintereisferner (glacier), then up the long glacier itself to the Hintereisjoch, 3460 m. From there, we continue north along the ridge to the summit, 5 hrs. – **Fineilspitze**, 3514 m: From the Hospiz, we hike south. At the first fork, we turn left and traverse the Hochjochferner (glacier) to reach the Hauslabjoch, 3283 m. Going west from the saddle, we proceed along the steep, exposed ridge to the summit, 4 hrs. – **Fluchtkogel**, 3497 m: From the Hospiz, we first follow the Delorette Trail to the Brandenburger Haus, 3274 m. From there, we go up the Kesselwandferner (glacier) to the Oberes Guslarjoch, 3361 m, and then continue north to reach the Fluchtkogel, 4$^1/_2$ hrs.

3) Schöne Aussicht (Rifugio Bellavista), 2842 m (D 6). Privately owned. Mailing address: I-39020 Karthaus im Schnalstal. Tel.: 04 73/ 66 21 40. (Area code from Austria to Italy 00 39.) Open in winter and summer. Schnals Valley Glacier Ski Area.

Access route: First go to the Hochjochhospiz (see there for route). From there go across the Arzbödele up to the tongue of the Hochjochferner (glacier). Follow the glacier up to the customs hut (Zollhütte), 2861 m, and then up to the hut (Austrian-Italian border), 5 hrs.

From the Schöne Aussicht to: Hochjochhospiz, 2412 m, 2$^1/_2$ hrs.

Peak: Weisskugel, 3738 m: From the hut, we take the trail that leads west (Trail No. 5) and reaches the ridge at a point somewhat west of Teufelsegg. We remain on the ridge and continue west across the Steinschlagjoch, 3222 m, to the Hintereisjoch, 3460 m. From there, we go north to the summit, 4 hrs.

4) Vernagthütte (Würzburger Haus), 2755 m (E 4). Alpine Club. Mailing address: A-6458 Vent. Tel. in valley, 0 52 54/81 28. Open in spring and summer.

Access route: Follow the Rofenache (river) along Trail No. 902 (Central Alpine Trail 02) to the first fork at an elevation of approx. 2096 m. From this point, a supply lift goes up to the Vernagthütte. We turn right onto Trail No. 920, which takes us past Vernagtegg along the Vernagtbach (stream) up to the hut, 3½ hrs.

From the Vernagthütte to: Breslauer Hütte, 2844 m, 2 hrs (Seufert Trail); Brandenburger Haus, 3274 m, 2$^1/_2$ hrs; Hochjochhospiz, 2412 m, 2 hrs.

Peaks: Fluchtkogel, 3497 m: From the hut, we hike along the left moraine rampart of the Guslarferner (glacier) up to the Oberes Guslarjoch, 3361 m, between Kesselwandspitze and Fluchtkogel. From the saddle we continue north up to the summit, 2$^1/_2$ hrs. – **Wildspitze**, 3768 m: From the hut, we take the trail going northeast across the Vernagtferner (glacier) to reach the Brochkogeljoch, 3423 m, south of Petersenspitze. From the saddle, we continue somewhat downhill, past the Hinterer Brochkogel and north of the Mitterkarjoch, until we reach the Wildspitze, 4$^1/_2$ hrs. – **Hochvernagtspitze**, 3535 m: A moraine trail begins behind the hut and leads to the northwest. Approximately at the level of Hintergraslspitze, we proceed onto the Grosser Vernagtferner (glacier), across which we climb steadily upward to reach the summit, 3$^1/_2$ hrs.

ZWIESELSTEIN

Village of Sölden Township (L/M 2), Imst County. Elevation: 1470 m. Postal Code: A-6450. **Information:** Tourist Office – Tel.: 0 52 54/22 12 (510-0), Fax: 31 31. **Railroad Station:** Ötztal-Bahnhof (43 km). **Bus service** throughout the Ötz Valley.

Zwieselstein takes its name from the German verb 'zwieseln,' which means dividing something into two parts. It is here that the Ötz Valley splits into its upper two branches, the Vent Valley and the Gurgler Valley. The small Chapel of Our Lady of Perpetual Help was built in 1747/49.

THE PITZ VALLEY

The Imst/Pitz Valley Railroad Station (along the Innsbruck-Arlberg rail line) is also the gateway to the second largest valley of the Ötz Valley Alps. The Pitz Valley stretches back into the mountains for a distance of almost 40 km and is drained by the Pitze, the glacier-fed river that gave the valley its name. The further a hiker proceeds up the Pitz Valley, the narrower the valley becomes, the mountains nearing the river's banks. From Mittelberg, an abundance of attractive trails lead up into the wonderland of eternal ice, snow and firn. The ski resort on the Mittelbergferner (glacier) is open all year round. The E 5 European Long-Distance Hiking Trail (see there for route) leads through the Pitz Valley (see page 24). One of the most famous persons from the Pitz Valley is Georg Matthäus Vischer (1628 – 1696), an important geographer and map maker, who traveled large parts of Central Europe.

MANDARFEN

Hamlet of St. Leonhard Innerpitztal Township (F/G 1), Imst County. Elevation: 1675 m. Postal Code: A-6481. **Information:** Tourist Office – Tel.: 0 54 13/82 16 or 506. **Railroad Station:** Imst (36 km). **Bus service** throughout the Pitz Valley.
Lifts: Gondola lift, chairlift and T-bar.

Mountain Huts Accessible from Mandarfen:

Rifflseehütte, 2289 m (F 2). Alpine Club. Mailing address: A-6481 St. Leonhard Tel.: 0 54 13/82 35; in valley, 0 52 52/64 74. Open in spring and summer.

Access routes: a) Proceed up through the Hirsch Valley until Trail No. 926 (Cottbus Alpine Trail) enters from the right. At this fork, turn left and continue until you reach the restaurant at the summit, 2291 m, which lies above Rifflsee (lake). From Mandarfen there is also a gondola lift that shortens the ascent by 2 hours. Proceed along the shore of the lake with Muttenkopf, 2344 m, to your left until you come to the hut, 2½ hrs. – b) This route also takes us up into the Hirsch Valley, but we now turn left at the first fork and hike up the trail, which passes beneath the gondola lift, to the hut, 2 hrs. – c) From the Taschachalpe, there is a service road (vehicles prohibited) that follows several curves parallel to the Seebach (creek) and leads up to the hut, 2 hrs.

From the Rifflseehütte to: Taschachhaus, 2432 m, 4 hrs (Fulda Alpine Trail, see page 25); Kaunergrathütte, 2817 m, 4 hrs (Cottbus Alpine Trail, see page 25).

Peaks: Rostizkogel, 3394 m: From the hut, the trail leads west along the southern shore of Rifflsee (lake) parallel to the Rifflbach (creek). We turn right at the first fork and proceed uphill past Katzenköpfe to the Rostizjoch, 3033 m. From the saddle, we go north up the step-like rocks, which require some easy climbing, to reach the summit, 4 hrs.

MITTELBERG

Hamlet of St. Leonhard Innerpitztal Township (G 2), Imst County. Elevation: 1736 m. Postal Code: A-6481. **Information:** Tourist Office – Tel.: 0 54 13/82 16 or 506. **Railroad Station:** Imst (37 km). **Bus service** throughout the Pitz Valley.
Lifts: The 'Pitz Express' tunnel railway, a gondola lift, chairlifts and T-bars (year-round glacier ski resort).

Mittelberg is the last town in the Pitz Valley and lies at the foot of Mittagskogel, 3159 m. The section of the E 5 European Long-Distance Hiking Trail leading through the glacier regions of the Ötz Valley Alps begins at this point.
As late as 1850, Mittelberg was located only about 700 m beyond the end of the Mittelbergferner (glacier). A yawning glacial cave arched above the Pitze, where the stream flowed out of the glacier. Once a year, on St. Ann's Day, July 26, a priest from St. Leonhard led a procession to the glacier arch. From a pulpit carved in the ice, he prayed for protection from devastation by the glacier. Today one can still see the massive lateral moraines, which give evidence of the glacial advance of more than a century ago.

Mountain Huts Accessible from Mittelberg:
1) Braunschweiger Hütte, 2758 m (H 2). Alpine Club. Mailing address: A-6481 St. Leonhard im Pitztal. Tel.: 0 54 13/82 36; in valley, 0 54 13/ 5 35. Open in spring and summer.
Access route: Follow Trail No. 918 along the Pitze River; this trail is identical with the E 5 European Long-Distance Hiking Trail. The good trail takes us to the Gletscherstübele, 1891 m, where a supply lift goes up to the Braunschweiger Hütte. We continue on Trail No. 918, from which we can see a waterfall, and then reach the hut after passing by the tongue of the Mittelbergferner (glacier), which has retreated a considerable distance, 3 hrs.
Peaks: See page 31.

2) Taschachhaus, 2432 m (E 3). Alpine Club. Mailing address: A-6481 St. Leonhard im Pitztal. Tel.: 0 54 13/82 39; in valley, 0 54 13/82 20. Open in summer.
Access route: We follow Trail No. 924, which takes us into the Taschach Valley and for the most part follows the Taschachbach (stream). Smaller creeks enter the Taschachbach from both sides of the valley. The steadily climbing trail leads up to Elevation 2043 m (map), where a supply lift goes up to the Taschachhaus. We stay on the trail, which serpentines back and forth across the Sexegertenbach (creek) up to the hut, 2½ hrs.
From the Taschachhaus to: Gepatschhaus, 1925 m, 4½ hrs; Breslauer Hütte, 2844 m, 6 hrs; Rifflseehütte, 2289 m, 3 hrs (Fulda Alpine Trail, see page 25); Braunschweiger Hütte, 2758 m, 4½ hrs.
Peaks: Wildspitze, 3768 m: From the hut, we follow the Rimlsteig (trail), which takes us south to the Taschachferner (glacier). At an elevation of approx. 2600 m we proceed straight across the level glacier toward Brunnenkarkopf and then follow the moraine ridge up toward the Mittelbergjoch, 3166 m. See Braunschweiger Hütte for route continuation. – **Ölgrubenkopf**, 3392 m: From the hut, we proceed southwest on Trail No. 924 along the Sexegertenbach (creek) until we reach the Sexegertenferner (glacier). We follow the trail up to a small glacier lake, which lies at the base of the glacier tongue extending down from the Öl-

grubenjoch. We turn right at the lake and hike across talus and firn fields to reach the summit, 3 hrs. – **Bliggspitze**, 3453 m: From the hut, we proceed southwest on Trail No. 924 along the Sexegertenbach (creek) until we reach the Sexegertenferner (glacier). We keep the glacier tongue to our left as we cross the creek and climb up the steep, rocky slope to the Vorderer Ölgrubenferner (glacier) and then continue up to the Bliggschartl, 3210 m. Proceeding across the saddle to the north, we cross firn and talus fields to the ridge, which we then follow to the summit, 3½ hrs.

PLANGEROSS

Village of St. Leonhard Innerpitztal Township (F 1), Imst County. Total population of St. Leonhard township: 1500. Elevation: 1612 m. Postal Code: A-6481. **Information:** Tourist Office – Tel.: 0 54 13/82 16 or 83 10, Fax 83 49. **Railroad Station:** Imst (34 km). **Bus service** throughout the Pitz Valley.

Plangeross lies scattered over broad pasturelands against the backdrop of the Mittagskogel, 3159 m. The still untouched Plangeross Valley, whose highest point is Watzespitze, 3532 m, branches off to the west. Plangeross is the valley's innermost village with a church and was documented as 'Plancherous' as early as 1370.

Mountain Huts Accessible from Plangeross:
1) Chemnitzer Hütte, 2328 m (G 1). Alpine Club. Mailing address: A-6481 St. Leonhard im Pitztal. Tel. in valley, 0 54 13/2 26. Open in summer.
Access route: Leaving the parking lot between Weisswald and Plangeross, we hike uphill on steep, serpentining Trail No. 911 along the Kitzlesbach (creek) to the hut. In the background, we can see the vast Weissmaurachkar (cirque), 2 hrs.
From the Chemnitzer Hütte to: Braunschweiger Hütte, 2758 m, 10 hrs, (Mainz Alpine Trail, only for experienced climbers; for more information, see page 25).

2) Kaunergrathütte, 2817 m (E 1). Alpine Club. Mailing address: A-6481 St. Leonhard im Pitztal. Tel.: 0 54 13/82 42. Open in summer.
Access route: Following the steep serpentines of Trail No. 927, hike to the waterfall on the Lussbach (creek) and continue across Plangerossalpe. From the left, the trail is joined by the trail from the Rifflseehütte (Cottbus Alpine Trail). Remain on Trail No. 927 along moraine slopes to reach the hut, 3½ hrs.
From the Kaunergrathütte to: Rifflseehütte, 2289 m, 3 hrs (Cottbus Alpine Trail, see page 25); Verpeilhütte, 2025 m, 3 hrs.
Peak: Watzespitze, 3532 m: From the hut, we go downhill to the south to the Plangerossferner (glacier), and then traverse this slightly uphill toward Seekarlesschneid. At an elevation of approx. 2900 m, we turn sharply west and climb up the very steep glacier tongue north of the distinct rocky ridge. Depending on snow conditions, we then proceed into the gap between Elevation 3501 m (map) and Watzespitze. From there, it's an exhilarating climb up the south ridge to the summit, 4 hrs. Caution, Alpine ice-climbing equipment absolutely necessary!

THE KAUNER VALLEY

The Faggenbach (creek) joins the Inn River near Prutz in the Upper Inn Valley. The 30-km road winds through the Kauner Valley, whose main

community is Feichten, up to the Gepatsch Reservoir Lake and then continues to the restaurant at the Weißseeferner (glacier) (toll road from Feichten). Several lifts have been built on the Weißseeferner (glacier), which was developed into an extensive ski resort.
The Kauner Valley drains the northwestern Ötz Valley Alps, providing advantageous conditions for the construction of the Gepatsch Reservoir Lake with penstocks from both the west (Glockturmkamm region) and the east (storage reservoir south of Mittelberg in the Pitz Valley). The water held here is fed underground to the power plant further down the valley near Prutz, where electric power is produced. The entire catchment area currently covers approximately 287 sq km. The Ötz Valley Alps' gigantic glaciers ensure a constant supply of water. The Kauner Valley Hydropower Plant is one of the Alps' largest storage dam plants and has been in operation since 1965.

FEICHTEN

Village of Kauner Valley Township (C 1-2), Landeck County. Total Population: 600. Elevation: 1289 m. Postal Code: A-6524 **Information:** Tourist Office – Tel.: 0 54 75/292-0, Fax: 292-9. **Railroad Station:** Landeck (26 km). **Bus service** throughout the Kauner Valley. **Lifts:** Chair- and towlifts.

The village of Feichten (originally 'bei den Feichten,' German for 'near the spruce trees') is the Kauner Valley's innermost community as well as the seat of the Kauner Valley Township, which also includes the town of

Sexegertenferner vom/from/dall'Ölgrubenjoch

Kaltenbrunn. The region was settled in the 14th century. Large Alpine pastures cover a vast area of the valley, in whose side valleys and cirques a considerable population of game, including ibex, still exists. Feichten occupies a broader section of the valley to either side of the Faggenbach between steep rocky walls. The parish church, consecrated to the Holy Trinity, was built between 1789 and 1792. Take an interesting visit to the **Talmuseum Kaunertal** (Kauner Valley Museum) and learn all about local mining, hunting, farm utensils, the development of alpinism, flax and wool working.

Glistening, glacier-covered Weißseespitze, 3518 m, towers at the head of the valley. Abundant waterfalls can also be found here. An excellent toll road leads from Feichten to the Gepatsch Reservoir Lake and continues to the Kauner Valley Year-Round Glacier Ski Resort with its magnificent location on the Weißseeferner.

Mountain Huts Accessible from Feichten:

1) Brandenburger Haus, 3274 m (D 4). Alpine Club. Mailing address: A-6458 Vent. Tel. 0 52 56/524 and tel. in valley, 0 52 56/212. Open in summer.
Access route: From the Gepatschhaus (see there for route), follow the trail up to the Rauhekopfhütte (see there for route). Then take Trail No. 902 (Central Alpine Trail 02) east of Rauher Kopf, 2989 m. The trail rises steadily across the Gepatschferner (glacier: caution, crevasses!) to the hut, behind which one can see Dahmannspitze, 3397 m, 6 hrs.
From the Brandenburger Haus to: Vernagthütte, 2755 m, 2 hrs; Hochjochhospiz, 2412 m, 2½ hrs (Delorette Trail); Rauhekopfhütte, 2731 m, 2½ hrs.
Peaks: See page 34.

2) Gepatschhaus, 1925 m (C 3). Alpine Club. Mailing address: A-6524 Feichten. Tel.: 0 54 75/2 15; in valley, 0 54 42/6 38 14. Open in summer and on prior arrangement.
Access route: The hut can be reached via the good road (toll road from Feichten), which first runs parallel to the Faggenbach (creek) and then, beyond the dam, east of the Gepatsch Reservoir Lake.
From the Gepatschhaus to: Rauhekopfhütte, 2731 m, 3 hrs.; Taschachhaus, 2432 m, 5 hrs.
Peaks: Glockturm, 3353 m: From the Gepatschhaus, we first take Trail No. 902 (Central Alpine Trail 02) toward the south and then beyond the Obere Birgalphütte, west past two small lakes to the Riffljoch, 3146 m, north of the Rifflferner (glacier). From the saddle, we climb up the steep trail in a southerly direction across the boulder-covered ridge to the summit, 5 hrs. – **Hintere Ölgrubenspitze**, 3295 m: From the hut, our mountain tour leads along Trail No. 924, across the Ölgrubenbach (creek), to the southeast. The trail continues steadily uphill to the Ölgrubenjoch, 3044 m. From the ridge, we go south across firn fields and blocky boulders to follow the firn-covered ridge to the summit, 4½ hrs.

3) Rauhekopfhütte, 2731 m (C 4). Alpine Club. Mailing address: A-6524 Feichten. Tel.: 0 54 75/2 15. Open in summer.
Access route: Leaving the Gepatschhaus (see there for route), we hike parallel to the creek until we reach the fork at which our Trail No. 902 (Central Alpine Trail 02) branches off to the left. After crossing several small creeks, we reach the tongue of the Gepatschferner (glacier), traverse this and follow the trail up to the hut, 3 hrs.
From the Rauhekopfhütte to: Brandenburger Haus, 3274 m, 3 hrs.
Peak: Weißseespitze, 3518 m: From the hut, we take Trail No. 902 to the south; Rauhe Kopf, 2989 m, rises to our right. At the first fork, on the Gepatschferner (glacier) itself, we branch off to the right and follow the relatively steep trail up across the glacier, south of Zahn, 3377 m, to reach the summit, 3 hrs.

Mountain Huts Accessible from Melag:
Weisskugelhütte (Rifugio Pio XI alla Palla bianca), 2542 m (B 5). Italian Alpine Club. Mailing address: I-39020 Graun im Vinschgau. Tel.: 04 73/63 31 91. (Area code from Austria to Italy 0039.) Open in spring and summer.
Access route: We hike into the Langtaufer Valley along Trail No. 2 until we reach the Melagalm, 1913 m. From there, a supply lift goes up to the hut. We stay to the north of the Karlinbach (creek) and take the serpentine path up past a spring to reach the hut above the tongue of the Langtauferer Ferner (glacier), 2½ hrs.
From the Weisskugelhütte to: Brandenburger Haus, 3274 m, 3 hrs (Richter Trail).
Peaks: Weisskugel, 3738 m: We first go east from the hut and slightly downhill to the Langtauferer Ferner (glacier). We continue on the glacier until we reach the rock face of the Vernaglwand. The trail (climbing aids installed) from the Brandenburger Hütte comes in from the left. We, however, go right, beneath the Langtauferer Joch and the Langtauferer Spitze to the Weisskugeljoch, 3356 m. From there, we climb the steep northeast flank to the summit, 4 hrs. – **Weißseespitze**, 3518 m: From the hut, we take the Richter Trail to the east. South of us, we can see the vast Langtauferer Ferner (glacier) and to the north the Langtauferer Eiswände (ice walls). We go left at the first fork and after crossing the ridge (Austrian-Italian border) we encounter the trail leading from the Brandenburger Hütte (glacier!). We take this trail northwest to the summit, 3 hrs.

Mountain Huts Accessible from Pfelders:
Planfernerhütte (Zwickauer Hütte, Rifugio Plan), 2979 m (M 5). Italian Alpine Club. Mailing address: I-39010 Moos im Passeier. Tel.: 04 73/64 35 45. (Area code from Austria to Italy 00 39.) Open in summer.
Access route: West of Pfelders we find the lower supply lift station which leads up to the hut. We, however, follow Trail No. 6A across the Untere Schneidalm, 2159 m, to the Obere Schneidalm, 2372 m, and then on to the hut, 4 hrs.
From the Planfernerhütte to: Eisjöchlhütte (Stettiner Hütte), 2875 m, 3 hrs (Pfelder Alpine Trail).
Peaks: Hinterer Seelenkogel, 3470 m: From the hut, the trail goes directly west, climbing steeply up to the summit, 1½ hrs. – **Scheiberkogel**, 3133 m: From the hut, we proceed northwest across the Planferner (glacier) to the Rotmoosjoch, 3055 m, and continue eastward to the summit, 1 hr.

Important telephone numbers in Austria:
Ambulance/Air Ambulance: 144
Weather Report: 05 12/28 17 38
Avalanche Warning Service: 05 12/58 18 39

Zuckerhütl, 3507 m

Alpine Emergency Signals: Give a visual or acoustic signal **six times** per minute at regular intervals. Wait one minute. Repeat until a reply is received.

Reply: Visual or acoustic signal given **three times** per minute at regular intervals.

La carta turistica KOMPASS 1:25 000, foglio n. 042, «Inneres Ötztal – Gurgler Tal – Venter Tal», presenta la zona delle Alpi Centrali con la Ötztal.
Questa valle si estende da sud a nord e divide il mondo alpino tra Resia e Brennero, nelle Alpi Ötztaler e Stubaier. La divisione dei due gruppi montuosi continua presso Zwieselstein attraverso il Passo del Rombo.
Sulla carta si distinguono chiaramente tre grandi solchi vallivi: le valli Kaunertal, Pitztal e Ötztal. Tutte e tre le valli hanno in comune la direzione nord-sud. Le catene montuose corrono quasi parallelamente a queste, da ovest a est troviamo: le creste Glockturmkamm, Kaunergrat e Geigenkamm. Nelle Alpi Ötztaler si trovano grandi ghiacciai, come ad es. il Weißkamm con il secondo monte per altezza dell'Austria, la Ötztaler Wildspitze, 3768 m. I monti più alti a sud, ad es. nel Crinale di Senales formano allo stesso tempo il confine di stato tra Austria e Italia. A sud e a est (Val Passiria) della carta si estende nel territorio altoatesino il parco naturale del Gruppo di Tessa. Le Alpi Stubaier, il massiccio montuoso a nord-est, salgono con tante cime di 3000 metri fino alla vetta più alta, lo Zuckerhütl (Pan di Zucchero), 3507 m. Le Alpi della Ötztal sono il territorio classico per escursioni sciistiche; perciò in questa carta sono descritti tanti itinerari di sci-alpinismo. Le vaste superfici dei ghiacciai offrono spesso belle discese e in più la possibilità di scalare cime come ad es. la Hochwilde, la Palla Bianca e la Weißseespitze. Così in primavera ed in estate specialmente nelle zone dei ghiacciai, non basta saper sciare, ma è necessaria anche una grande esperienza alpinistica.
Geologicamente si tratta di due zone che si differenziano chiaramente: quella al nord con le sue forme in parte molto bizzarre è costituita di vero ortogneis penetrato come magma dall'interno della terra nelle roccie stratificate. Nella cresta Kaunergrat troviamo gneis di granito a biotite dove prevalgono quarzo e feldspato. A sud della linea invece, che è caratterizzata dai paesi di Vallelunga – Gepatsch – Mittelberg – Sölden si trova roccia scistosa e gneis di micascisti. Qui le forme montuose sono arrotondate e al contrario di quelle delle zone settentrionali meno scoscese. A sud del Crinale di Senales invece si presentano tipi diversi di micascisti. Nella zona della cresta principale nel territorio di Gurgl (tra Königskogel e Karlesspitze) predomina il granato di micascisto grigio. Là si trovano anche anfibolite verde scura, quarzite gialla, granato fino alla grandezza di un pugno e orneblenda verde scura. Nelle Alpi della Stubaital sullo zoccolo della roccia primitiva si innalzano delle zolle di calcare triassico, che sono state frastagliate in punte e torri a causa della disgregazione e che donano al paesaggio di alta montagna un fascino particolare. In tutta la regione dei due gruppi montuosi una superficie di circa 350 kmq viene coperta da masse glaciali. E sono proprio queste masse di ghiaccio che contribuiscono ad appiattire continuamente il terreno tramite il piallamento dei solchi vallivi e la spinta esercitata. Così si spiega il fatto che le vette che emergono dalle masse di ghiaccio sono per lo più formazioni rocciose inoffensive, che hanno perso le loro forme frastagliate di allora per il lavoro esercitato dai ghiacciai.
Per il carattere **climatico continentale** – poche precipitazioni, inverni freddi e ricchi di neve, estati asciutte e calde – crescono solo piante che

resistono a questo contrasto. Abeti bianchi e faggi si trovano raramente in queste zone. Nelle zone di media altezza troviamo boschi di abete rosso e di larici, aceri, olmi e sorbi selvatici. I larici e i cembri formano quasi sempre il limite della vegetazione arborea, che si trova a circa 2200 m. I boschi di cembri più belli si estendono nella solitaria valle Radurscheltal. In grande altezza crescono alcune piante rare come il doronico e il sopravvivolo, ma anche il genipì delle Alpi e la cariofillata alpina è presente in qualche luogo. Sopra i 3000 m non si estende più un tappeto erboso compatto. I pochi fiori hanno qui una crescita robusta, dai colori vivaci, le foglie sono per lo più pelose e protette da cuscini di muschio. Questi preservano le piante dall'essiccazione.
Sui ghiacciai l'alpinista può scorgere della «neve rossa». Quest' apparizione viene provocata da piccole alghe microscopiche che si rendono visibili a seguito della comparizione in massa.
Si prega di fare attenzione alle leggi sulla protezione delle piante! La raccolta di fiori alpini dovrebbe essere in ogni modo evitata. Non dovrebbero essere solo le leggi sulla protezione di gran parte di queste piante di alta montagna a distogliere l'escursionista e l'alpinista dal raccogliere fiori, dallo sradicare piante e alberi piccoli per portarli a casa. La zona delle Alpi Ötztaler e quella delle Alpi Stubaier è nota per la ricchezza di selvaggina. Nelle regioni di media montagna si trovano tutte le specie di animali alpini conosciuti; molto diffusi sono cervi, marmotte e aquile. In alcuni luoghi si sono insediati anche i paurosi stambecchi.

Alte Vie (vedi schizzo a pag. 5)

Non ci assumiamo responsabilità alcuna per le informazioni fornite! Si prega di informarsi a valle prima dell'escursione sul periodo di apertura dei rifugi e sulla possibilità di pernottamento!
Attenzione: Per le escursioni sui ghiacciai usare l' attrezzatura adeguata!

Sentiero Europeo E5: Lago di Costanza – Adriatico

Da Wenns a Mittelberg è meglio usare l'autobus. Da Mittelberg camminiamo fino al Rif. Braunschweiger Hütte, 2758 m, e attraverso il Pitztaler Jöchl, 2996 m, ci portiamo nella Rettenbachtal fino alla Rettenbachalm, 2145 m.
Il sentiero continua verso sud alla stazione intermedia della funivia dei ghiacciai della Ötztal, 2174 m (Gaislacher Kogel) e porta attraverso la Gaislachalm, 1968 m, in discesa nella Ventertal fino a Zwieselstein, 1470 m. Da lì attraverso la Timmelstal al Passo del Rombo, 2474 m (confine di stato). Da qui si scende nella Passeirer Timmelstal e attraverso la Malga Schönaueralm si arriva a Corvara i. P. per poi continuare attraverso la Val Passiria fino a Moso e S. Leonardo in Passiria.

Sentiero delle Alpi Centrali (Zentralalpenweg) 02: Feldkirch – Hainburg an der Donau

Questo sentiero proviene dal Rifugio Hohenzollernhaus (fuori dai limiti della carta) e porta al Rifugio Gepatschhaus, 1925 m. Da lì conduce attraverso il massiccio centrale dei ghiacciai delle Alpi Ötztaler al Rifugio Rauhekopfhütte, 2731 m. Continuando scorre attraverso il ghiacciaio Gepatschferner (attenzione ai crepacci) al Rifugio Brandenburger Haus, 3274 m. Lungo il sentiero Delorette si arriva al Rifugio Hochjochhospiz, 2412 m, da lì poi sul sentiero Titzenthalerweg a Vent. Da Vent il sentiero sale al Ramoljoch, 3189 m, e attraverso il ghiacciaio Ramolferner scende al Rifugio Ramolhaus, 3005 m. Uscendo dalla valle si arriva al centro turistico di Obergurgl e guardando indietro si gode una vista sul ghiacciaio Gurgler Ferner. Quindi si esce dalla Valle Gurgler Tal a Zwieselstein e da lì si prosegue per Rettenbach/Sölden. Da Sölden attraverso la Windachtal fino all'albergo Fiegl, 1956 m. Dopo 2 1/2 km si gira a sinistra (sentiero Aschenbrenner) per il Rifugio Hildesheimer Hütte, 2900 m. Da lì si sale attraverso il ghiacciaio Gaiskarferner alla sella Fernaujoch, 3050 m, e attraverso il ghiacciaio Fernauferner si scende al Rifugio Dresdner Hütte, 2308 m (zona sciistica dei ghiacciai, Stubaier Gletschergebiet) e da qui con la Stubaier Gletscherbahn (funivia) si scende a valle.

Alta Via Mainzer Höhenweg: Rifugio Chemnitzer Hütte, 2328 m – Rifugio Braunschweiger Hütte, 2758 m

Si tratta di un'escursione d'alta quota in cresta, che dovrebbe essere eseguita solo da esperti. Dal rifugio camminiamo verso est attraverso un conoide morenico, vediamo in basso un piccolo lago, scendiamo sul circo glaciale Weißmaurachkar e proseguiamo al Passo Weißmaurachjoch, 2953 m. Da lì verso sud, lungo la Geigenkamm, sul versante est del Puitkogel, 3343 m, e del Sonnenkogel, 3166 m, sopra il Grubigkarle e Silberkar, in parte cordata, e alla fine sulla cresta si risale fino al Rheinland-Pfalz-Biwakschachtel (bivacco) del Wassertalkogel, 3247 m (punto di appoggio dell' Alpenverein – club alpino – per 9 persone, aperto tutto l'anno; ca. 500 m a nord dall' inizio della discesa per la Pitztal). Da questo bivacco percorriamo sempre il sentiero di cresta in direzione sud – in parte pericoloso – che ci porta attraverso il Gschrappkogel, 3197 m, al Wurmsitzkogel, 3079 m, ed al Polleskogel, 3032 m. Poco dopo raggiungiamo i contrafforti del ghiacciaio Rettenbachferner (zona sciistica dei ghiacciai, Ötztaler Gletscherschigebiet) e una biforcazione. A sinistra devia il sentiero europeo E5 per la valle Rettenbachtal; noi invece giriamo a destra (sentiero 918) e arriviamo attraverso il Pitztaler Jöchl, 2996 m, al Rifugio Braunschweiger Hütte, 10 ore.

Alta Via Cottbuser Höhenweg: Rifugio Rifflseehütte, 2289 m – Rifugio Kaunergrathütte, 2817 m

Dal Rifugio Rifflseehütte questa nota Alta Via che deve essere eseguita solo da alpinisti esperti, conduce verso nord, passando ad est del lago Rifflsee, fino al ristorante in vetta della funivia, che sale da Mandarfen. Rimaniamo su questo sentiero, che va a nord (numero 926), passando ad est del Brandkogel e Steinkogel, e poi con una grande curva svoltiamo verso ovest. Sulla destra sbocca il sent. n. 927 che sale da Plangeross. Su questo sentiero proseguiamo poi verso ovest, costantemente in salita, fino al rifugio, 4 ore.

Alta Via Fuldaer Höhenweg: Rifugio Rifflseehütte, 2289 m – Rifugio Taschachhaus, 2432 m

Dalla riva sud-est del lago quest'Alta Via (numero 925) conduce attraverso la Taschachalpe alta sulla valle Taschachtal, dentro in valle. Attraversiamo piccoli ruscelli e passiamo sotto il Vorderes e Hinteres Köpfle e arriviamo ad un bivio. Svoltiamo a sinistra verso l'uscita della valle (n. 924) e arriviamo poco dopo al Rifugio Taschachhaus, 4 ore.

Sentiero Ötztaler Jungschützenweg

Questo sentiero di lungo percorso conduce dalla stazione di Ötztal lungo sentieri di campagna, di prati e di boschi, ed infine su sentieri montani attraverso tutta la valle Ötztal fino alla regione glaciale. A Zwieselstein il sentiero si divide, per portare da una parte attraverso Vent al Rifugio Martin-Busch-Haus, 2501 m, e dall'altra parte attraverso Obergurgl al Rifugio Ramolhaus, 3005 m.

LA VALLE ÖTZTAL

Se nel mondo alpino si parla del fascino d'alta montagna del Tirolo, quasi sempre ci si riferisce al regno alpino dei ghiacciai della Ötztal.
Si risvegliano ricordi di escursioni lungo il ruscello spumeggiante, salendo attraverso i gradini vallivi di Ötz, Umhausen, Längenfeld e Sölden, fino al regno luccicante di ghiaccio della Wildspitze, 3768 m, della Palla Bianca, 3738 m, o del Similaun, 3599 m. La Ötztal, lunga 70 km, con i suoi centri abitati viene apprezzata come ideale zona di soggiorni estivi, autunnali ed invernali. Una strada ben costruita conduce i turisti nella Ötztal fino all'ultimo gradino vallivo di Sölden. Presso Zwieselstein si diramano le valli Venter e Gurgler Tal. Dalla Gurgler Tal la strada del Passo di Rombo (strada a pedaggio) si inerpica fino all'omonimo passo (confine di stato Austria/Italia), alto 2474 m. Questo collegamento stradale tra la Ötztal e la Val Passiria è aperto solo durante i mesi estivi. I tentativi più remoti di rendere accessibile il regno montuoso del Tirolo partirono proprio dalla Ötztal. Lì si trovava anche la culla del club alpino austriaco e tedesco; uno dei suoi fondatori fu Franz Senn, 1860 – 1872, pastore nel villaggio montano di Vent. Lì per anni conquistó per primo come uno dei pionieri alpini i giganti glaciali delle Alpi Ötztaler, costruí rifugi e addestró guide alpine. Nel corso degli ultimi decenni, da quando la valle è stata aperta al mondo alpinistico internazionale, i centri abitati della valle sono cresciuti divenendo grandi villaggi. Belle case e alberghi, costruiti nel tipico stile tirolese, spesso ornati di affreschi, si raggruppano intorno alla chiesa del villaggio, che si erge spesso su una elevata collina rocciosa più in alto, nella regione dei pascoli alpini, si trovano vecchi masi che si estendono sui pendii soleggiati. Nei masi più alti delle Alpi orientali, abitati tutto l'anno, i masi di Rofen (2011 m) a Vent secondo la leggenda il duca Federico avrebbe trovato una dimora sicura durante la sua fuga nel 1416, quando il Concilio di Costanza lo mandava in esilio. Per riconoscenza il duca conferiva ai masi di Rofen speciali privilegi (esenzione dalle imposte); e chi si rifugiava nelle loro mura, veniva protetto come in un sicuro rifugio. I masi di Rofen nel frattempo totalmente schiusi, sono abitati ancora oggi; sono raggiungibili con una strada e perciò una preferita meta escursionistica. Il turismo nella Ötztal è aumentato enormemente tanto d'estate quanto d' inverno. L'offerta di impianti di risalita è vasta, per es. la zona sciistica aperta tutto l'anno sul ghiacciaio Rettenferner e sul ghiacciaio Tiefenbachferner (strada a pedaggio), nel territorio sciistico di Gurgl-Hochgurgl e di Sölden-Hochsölden; si è intenti ad offrire ai turisti e alla gente del luogo una buona rete di sentieri per escursioni e ottimi punti panoramici.
Cento anni fa Sebastian Finsterwalder incominciava le sue ricerche di glaciologia proprio sul ghiacciaio Vernagtferner nelle Alpi Ötztaler più remote. I rilevamenti e le osservazioni vengono effettuati ancora oggi. La stazione meteorologica vicino al Rifugio Vernagthütte, alcuni ombrometri installati e una stazione climatica forniscono costantemente i risultati dei

rilevamenti più recenti.
Una tradizione secolare nelle Alpi della Ötztal è la conduzione al pascolo di migliaia di pecore dalla Val Venosta in Alto Adige attraverso il confine fino alle malghe nella Ötztal del Tirolo del Nord; per es. attraverso il Niederjoch (ad est del Rifugio Similaunhütte).
L'usanza popolare della Ötztal si evidenzia chiaramente nei tradizionali costumi regionali, che vengono indossati soprattutto per la festa del patrono, durante le processioni, ed in occasione di altre feste religiose e non. Gli uomini portano giubbe marrone scuro e cappelli gialli dalle larghe tese con nastri verdi; le donne portano gonne a pieghe, corsetti riccamente ornati e alti copricapi di lana a punta. Una particolarità dei costumi femminili della Ötztal sono i calzettoni di lana, i cosiddetti «Höslen».
La Ötztal ha dato i natali a uomini famosi. Oltre al già citato fondatore del club alpino il curato Franz Senn, anche il curato di Gurgl, Adolf Trientl, meritava per il suo incremento pionieristico dell'agricoltura tirolese, in particolare nella sua valle nativa, il soprannome onorifico di «apostolo del concime». Anche il professore universitario di Salisburgo Dr. Josef Anton Schöpf, eccellente dottore della chiesa, era nato nel 1822 a Umhausen.

HEILIGKREUZ

Piccolo villaggio del Comune di Sölden (K 3), distretto di Imst, altezza s.l.m.: 1711 m, CAP: A-6450. **Informazioni:** Tourismusverband (Ufficio turistico), tel. 0 52 54/22 12 (510-0), fax 31 31. **Stazione ferroviaria:** Ötztal-Bahnhof (48 km).

Heiligkreuz è un piccolo insediamento che consiste di diversi gruppi sparsi di case. Possiede una chiesa propria. Dalla Chiesa del Ritrovamento della SS. Croce (edificata nel 1804) si ha una bella vista attraverso la Venter Tal sulle montagne di Stubai. In direzione uscita della valle si trovano: Puit, Raindl, Lehn, Haslpuit, Neder e Freistabl. Verso il fondovalle in direzione di Vent si estendono i piccoli villaggi di Seiten e Winterstall. Una strada ben costruita proveniente da Zwieselstein attraversa Heiligkreuz e conduce fino ai masi Rofen a Vent.

OBERGURGL

Frazione del Comune di Sölden (L/M 3-4), distretto di Imst, altezza s.l.m.: Untergurgl 1790 m, Obergurgl 1907 m, Hochgurgl 2154 m. CAP: A-6456. **Informazioni:** Tourismusverband (Ufficio Turistico), tel. 0 52 56/466, fax 3 53. **Stazione ferroviaria:** Ötztal-Bahnhof (50 km). **Collegamento autobus:** attraverso la Ötztal ed il Passo del Rombo per l'Alto Adige (solo in estate).
Impianti di risalita: Telecabina, numerose seggiovie e skilift; le seggiovie Gaisberg e Hohe-Mut sono aperte anche in estate.

Obergurgl è la comunità situata più in alto del Tirolo. Si adagia tra verdi pascoli, incorniciata da uno stupendo paesaggio di ghiacciai. D'estate e d'inverno Unter-, Ober- e Hochgurgl sono centri turistici molto frequentati e punti di partenza per tante belle escursioni sulle montagne e sui ghiacciai. La chiesa dedicata a San Giovanni Nepomuceno con il campanile a punta venne costruita nel 1726, inaugurata con un altare dedicato a San Giovanni Nepomuceno nel 1737. Nel 1967 venne ingrandito su progetto dell' architetto Clemens Holzmeister.
La colonizzazione della valle partiva dall' Alto Adige. Si dice che i primi immigranti si fossero stabiliti sulla cosiddetta «Kleinen Alpe», che dista

ca. un'ora dall'odierna Obergurgl (in direzione fondovalle) e vi avrebbero costruito una casa. Il nome di uno dei proprietari di questo maso, forse l'ultimo, sembra essere stato Blasius Rutsch. Questo avrebbe avuto 3 figlie, morte sotto una valanga mentre andavano in chiesa a Umhausen. Quindi si deduce che in quel periodo né a Sölden né a Längenfeld ci fossero cappellani propri. Solo nell'anno 1469 vennero fondate le parrocchie. Circa 100 anni or sono sul luogo della casa in rovina venne trovato il segno di un'antica marca e i resti di un trogolo con incisa la data 1410 e le lettere B. R.
Obergurgl acquisì fama mondiale allorché il 27 maggio 1931 scese sul ghiacciaio Gurgler Ferner il pallone stratosferico del professor Piccard. Un'attrazione straordinaria di Obergurgl è il **«bosco di cembri»** dichiarato monumento naturale nel 1963. Si estende per quasi 20 ha. sul limite meridionale dell'abitato da 1950 a 2180 m di altezza. Sul sentiero che conduce attraverso il «bosco di cembri» in 22 punti segnati si trovano esatte spiegazioni sui singoli alberi, arbusti e piante. È severamente proibito estirpare piante! Una visita può essere caldamente raccomadata ad ogni escursionista!
Hochgurgl è un moderno centro alberghiero sulla strada (a pedaggio) che sale al Passo del Rombo e che conduce (durante i mesi estivi) in Alto Adige. Deve la sua reputazione di centro di sport invernali al bellissimo territorio sciistico nei suoi dintorni.

Rheinland-Pfalz-Biwakschachtel, 3247 m

Salita ai rifugi da Obergurgl:
1) Rifugio Hochwildehaus, 2866 m (K 5), club alpino, CAP: A-6456 Obergurgl, tel. tramite il Rifugio Langtaleregghütte 0 52 56/2 33 e tel. a valle 0 52 53/53 96; aperto in primavera e in estate.

Accesso: Salita al Rif. Langtaleregghütte (vedi ivi); da lí anche una funivia trasporto materiale sale al Rif. Hochwildehaus. Il sentiero che è sempre contrassegnato con il numero 922, scende in direzione sud nella Langtal e dirige ad ovest con una grande curva, e passando per il dorso roccioso dello Schwärzenkamm, si arriva al rifugio, situato alto sopra il ghiacciaio Gurgler Ferner, 4¹/₂ ore.
Traversate: Al Rif. Langtaleregghütte, 2430 m, 1³/₄ ora; al Rif. Ramolhaus, 3005 m, 3 ore.
Cime: Hochwilde, 3480 m: dal rifugio saliamo lungo il versante occidentale dello Schwärzenkamm verso sud attraverso il ghiacciaio Gurgler Ferner, lasciando a sinistra il Schwärzenjoch e l'Annakogel fino al passo, 3290 m, tra l'Annakogel e la Nördliche Hochwilde (settentrionale) alla cresta di ghiaccio. Lungo questo in leggera arrampicata proseguiamo alla cima della Nördliche Hochwilde (settentrionale), 3458 m. La traversata alla Südliche Hochwilde (meridionale), 3480 m, viene effettuata in leggera arrampicata, 4 ore. – **Schalfkogel**, 3537 m: dal Rif. Hochwildehaus attraversiamo il ghiacciaio Gurgler Ferner a ca. 2800 m, in direzione ovest e poi attraverso il ghiacciaio Kleinleitenferner si sale allo Schalfjoch, 3375 m. Da lì ripidamente attraverso la cresta rocciosa e alla fine in salita più dolce, attraverso roccie e detriti fino in cima, 4 ore.
2) Rifugio Langtaleregghütte (Rif. Karlsruher Hütte): 2430 m (K/L 5), club alpino, CAP: A-6456 Obergurgl, tel. 0 52 56/2 33 e tel. a valle 0 52 53/ 53 96, aperto in primavera e in estate.
Accesso: Si segue il sentiero 922 verso sud, che sale gradatamente fino al Rif. Schönwies, 2266 m, e che si trova allo sbocco della Valle Rotmoostal. Da lì attraverso la Gurgler Großalm, alti sul torrente Gurgler Ache, fino al rifugio, 2¹/₂ ore.
Traversate: Al Rif. Hochwildehaus, 2866 m, 2 ore; al Rif. Ramolhaus, 3005 m, 3 ore.
Cime: Vorderer Seelenkogel, 3286 m: dal rifugio prima verso sud e poi a quota 2600 m ca. verso est sulla parte meridionale del ghiacciaio Seelenferner; attraverso detriti e ghiacciai arriviamo in cima, 4 ore. – **Langtaler Jochspitze**, 3155 m: dal rifugio prendiamo il sentiero verso sud al Rif. Hochwildehaus. Non attraversiamo però il torrente glaciale che scende dal ghiacciaio Langtaler Ferner ma svoltiamo a sinistra addentrandoci in valle e lungo il ghiacciaio Langtaler Ferner saliamo al Langtaler Joch, 3031 m. Da lì attraverso la cresta di ghiaccio e detriti fino in cima, 3¹/₂ ore.

3) Rifugio Ramolhaus, 3005 m (K 5), club alpino, CAP: A-6456 Obergurgl, tel. a valle 0 52 56/2 23 e 2 24, aperto in estate.
Accesso: Il sentiero che porta al rifugio è identico al sentiero Zentralalpenweg 02 e al sentiero Ötztaler Jungschützenweg. Camminiamo alti sul torrente Gurgler entrando in valle e attraversando alcuni torrenti, sorpassiamo il Rif. Küppele, 2303 m, e in continua salita, passando sotto le pareti rocciose che scendono dalla Ramolkogel, ci portiamo al rifugio, 4 ore.
Traversate: A Vent, 1895 m, 3 ore; al Rif. Langtaleregghütte, 2430 m, 2 ore; al Rif. Hochwildehaus, 2866 m, 1¹/₂ ora.
Cima: Großer Ramolkogel, 3549 m: dalla Ramolhaus superato il Köpfle si giunge al Ramoljoch, 3189 m, e poi attraverso il ghiacciaio Ramolferner, che si attraversa salendo diagonalmente tra la Kleine e la Nördliche Ramolkogel; dopo una leggera arrampicata e attraverso la cresta nevosa

si giunge in cima. Attenzione: cornici di neve, 3 ore. – **Schalfkogel**, 3537 m: si attraversano i pendii a sud del rifugio e poi si prosegue attraversando il campo ghiacciato sotto la cresta Firmisanschneid sempre in direzione sud (crepacci!) ed infine ripidamente in salita al Firmisanjoch, 3287 m; da lì sulla larga cresta di ghiaccio ancora verso sud fino alla vetta, 3 ore. – **Hinterer Spiegelkogel**, 3424 m: dal rifugio camminiamo su un sentiero salendo verso nord e si attraversa il ghiacciaio Ramolferner giungendo al Ramoljoch, 3189 m; da lì in salita per il ghiacciaio Spiegelferner fino alla cima, 2½ ore.

SÖLDEN

Comune e **HOCHSÖLDEN,** frazione del Comune di Sölden (K/L 1), distretto di Imst. Abitanti: totale 3.250. Altezza s.l.m.: Sölden 1368 m, Hochsölden 2083 m. CAP: A-6450. **Informazioni:** Tourismusverband (Ufficio turistico), tel. 0 52 54/22 12 (510-0), fax 31 31. **Stazione ferroviaria:** Ötztal-Bahnhof (39 km). **Collegamento autobus:** attraverso la Ötztal.
Impianti di risalita: telecabine, numerose seggiovie e skilift.

«Situato in mezzo a prati tranquilli, circondato da scuri boschi, dominato dai massicci montuosi della Innere Ötztal» – così i romantici descrivono questo villaggio alpino tirolese, oggigiorno un centro turistico di prim'ordine.
I singoli masi, frazioni e villaggi si trovano sparsi per tutta la valle. Del comune, che si estende sul quarto gradino vallivo della Ötztal, fanno parte tra l'altro anche Hochsölden e Zwieselstein.
La Chiesa della Visitazione si trova nella località di Rettenbach, allo sbocco dell'omonimo torrente proveniente dal ghiacciaio Rettenbach, che era temuto un tempo per le sue frequenti inondazioni. Probabilmente il territorio attorno a Sölden venne abitato molto presto. Questo bel centro venne menzionato negli atti per la prima volta nel 1250.
La chiesa parrocchiale, tardo gotica, venne menzionata negli atti del 1400. L'interno venne barocchizzato attorno al 1750. Statua di Maria riccamente dorata. Altari molto belli. Nel cimitero belle croci in ferro battuto. Hochsölden è un centro alberghiero e anche un noto centro di sport invernali con ampi terreni ad ovest sopra Sölden. Da Sölden si può arrivare a Hochsölden attraverso una strada, diversi sentieri o una seggiovia.

Salita al rifugio dal parcheggio del ristorante Rettenbachferner:
Rifugio Braunschweiger Hütte, 2758 m (H 2), club alpino, CAP: A-6481 St. Leonhard im Pitztal, tel. 0 54 13/82 36 e tel. a valle 0 54 13/5 35, aperto in primavera ed in estate.
Accessi: a) Si utilizza il sentiero 918 (sentiero europeo E5) e si cammina lungo il margine del ghiacciaio Rettenbachferner fino al Pitztaler Jöchl, 2996 m, ed in discesa, lasciando alla destra il Karleskopf, 2902 m, si giunge al rifugio, 1 ora. – b) Con la seggiovia dal ristorante, 2650 m, al Rettenbachjoch, 2990 m, da lì in discesa fino al rifugio, ¾ ora.
Traversate: Al Rif. Chemnitzer Hütte, 2328 m, 10 ore (Alta Via Mainzer Höhenweg, solo per esperti, vedi a pag. 46); al Rif. Breslauer Hütte, 2844 m, 5 ore; al Rif. Taschachhaus, 2432 m, 4½ ore.
Cime: Wildspitze, 3768 m: dal rifugio attraverso i ghiacciai Karlesferner e Mittelbergferner (zona sciistica dei ghiacciai Pitztaler) raggiungiamo il Mittelbergjoch, 3166 m. Da lì scendiamo verso sud dall'altra parte attraverso il corto pendio fino al margine orientale del ghiacciaio Taschachferner lo seguiamo (attenzione crepacci) e attraverso il campo di ghiaccio passiamo sotto il Mitterkarjoch verso est alla Wildspitze, la cima più

alta del Tirolo, 5 ore. – **Linker Fernerkogel**, 3277 m: dal rifugio prendiamo il sentiero che ci porta verso sud attraverso il ghiacciaio Karlesferner e il ghiacciaio Hangender Ferner (crepacci!) fino in cima, 2 ore.

Salita ai rifugi da Sölden:

1) Rifugio Brunnenkogelhütte, 2738 m (M 2), ÖTK, CAP: A-6450 Sölden, aperto in estate.
Accesso: Dalla Moosalm si segue il sentiero n. 50, che ci porta alla Malga Brunnenbergalm (Falkner). Da lì si dirama il sentiero n. 171 che conduce al rifugio a piedi del Brunnenkogel, 2 1/2 ore.
Cima: Rotkogel, 2894 m: dal rifugio seguiamo il sentiero che va verso sud (n. 171) e che attraverso la cresta conduce in vetta, 1/2 ora.

2) Rif. Hildesheimer Hütte, 2900 m (O 1-2), club alpino, CAP: A-6450 Sölden, tel. 0 52 54/23 00 e tel. a valle 0 52 54/20 90, aperto in estate.
Accesso: In macchina fino a Granbichl. Poi camminiamo lungo il sentiero 102 (sentiero Zentralalpenweg 02) addentrandoci nella Valle Windach fino all'Albergo Fiegl, 1956 m, e più oltre in leggera salita fino a quota 2122 m; alcuni metri verso est la funivia di materiale parte per il rifugio. A questo punto il nostro sentiero (sentiero Aschenbrenner) devia a sinistra e porta con molti tornanti al circo glaciale Falken, poi al rifugio, situato vicino ad un lago e circondato da un magnifico scenario di ghiacciai, 5 ore.
Traversate: Al Rif. Siegerlandhütte, 2710 m, 4 ore; al Rif. Dresdner Hütte (attraverso il Fernaujoch), 2308 m, 2 1/2 ore.
Cima: Zuckerhütl (Pan di Zucchero), 3507 m: dal rifugio prendiamo il sentiero verso nord-est. Questo ci porta attraverso il Pfaffenferner al Pfaffenjoch, 3213 m, e al Pfaffensattel, 3344 m. Da lì verso est alla cima, 3 ore.

3) Rifugio Hochstubaihütte, 3174 m (M 1), club alpino, CAP: A-6450 Sölden, tel. a valle 0 52 54/32 40, aperto in estate.
Accessi: Fino a Granbichl anche in macchina.
a) Alla prima biforcazione nella Windachtal svoltiamo a sinistra sul sentiero 21 che conduce alla Kleblealm, 1983 m. Da lì camminiamo sul sentiero 25 fino nel circo glaciale Laubkar, sorpassando il lago di Laubkar e giungendo al rifugio, che si trova a sud del ghiacciaio Wütenkarferner, 5 1/2 ore. – b) Sul sentiero 102 (sentiero Zentralalpenweg 02) nella Windachtal fino all'albergo Fiegl, 1956 m. Da lì prendiamo il sentiero che va verso nord e che in molti tornanti sale al lago Seekar, 2658 m, passando per un ricovero d'emergenza, fino al rifugio, 5 1/2 ore .
Traversata: Al Rif. Amberger Hütte, 2135 m, 3 ore.
Cime: Windacher Daunkogel, 3348 m: dal rifugio in direzione est attraverso il ghiacciaio Wütenkar e in leggera salita alla Warenkarscharte, 3186 m. Da lì il sentiero sale verso nord attraverso ghiaia e blocchi di roccia fino alla cima, 1 1/2 ora. – **Warenkarseitenspitze**, 3347 m: dal rifugio prendiamo il sentiero in direzione est e poi camminiamo verso sud attraverso la lingua glaciale del ghiacciaio Warenkarferner fino alla vetta, 1 ora.

4) Rifugio Siegerlandhütte, 2710 m (P 2), club alpino, CAP: A-6450 Sölden, tel. 0 52 54/21 42 e tel. a valle 0 52 54/21 89, aperto in estate.
Accesso: Fino a Granbichl anche in macchina. Lungo il sentiero 102 (Zentralalpenweg 02) dentro nella Windachtal fino all'Albergo Fiegl,

1956 m, e più oltre in leggera salita, fino a quota 2122 m; si continua sul sentiero 139 attraverso la Windachklamm fino allo sbocco del torrente Triebenkarlas. Da lì parte la funivia trasporto materiali per il Rif. Siegerlandhütte. Noi però rimaniamo sul nostro sentiero e saliamo con molti tornanti al rifugio, 5 ore.
Traversata: Al Rif. Hildesheimer Hütte, 2900 m, 3 ore.
Cima: Sonklarspitze, 3467 m: dal rifugio verso nord-est saliamo al ghiacciaio Triebenkarlas, alla nostra sinistra si erge la parete Scheiblehnwand, ma poi continuiamo fino al Hohen Eis, 3392 m, e lungo la cresta di ghiaccio verso nord arriviamo alla cima, 3 ore.

VENT

Località del Comune di Sölden (H 4), distretto di Imst, altezza s.l.m.: 1895 m, CAP: A-6458. **Informazioni:** Tourismusverband (Ufficio turistico), tel. 0 52 54/81 93, fax: 81 74. **Stazione ferroviaria:** Ötztal-Bahnhof (56 km). **Collegamento autobus:** attraverso la Ötztal. **Impianti di risalita:** seggiovia.

Dopo Obergurgl Vent è la seconda comunità per altitudine del Tirolo. Si trova in un avvalamento soleggiato allo sbocco delle valli Niedertal e Rofental. Il pittoresco villaggio d'alta montagna, dominato dalla piramide rocciosa della Talleitspitze, 3406 m, è il punto di partenza per una serie di escursioni in alta montagna e sui ghiacciai.
La prima menzione ufficiale dell´insediamento di „Vende" risale al 1241. Il pascolo estivo ha origini ancora più antiche. Fece parte della giurisdizione di St. Petersberg. Già in tempi remoti si trovava qui una cappella. Nel 1702 venne costruita una nuova Cappella di S. Giacomo, che nel 1802 veniva travolta da una valanga. L'odierna chiesa venne costruita nel 1862.

Salita ai rifugi da Vent:
1) Rifugio Breslauer Hütte, 2844 m (G 4), club alpino, CAP: A-6458 Vent, tel. 0 52 54/81 56 e tel. a valle 0 52 54/81 53, aperto in estate.
Accesso: Lungo il sentiero n. 919 e passando sotto il lift con molti tornanti si arriva alla stazione a monte; approfittando del lift si abbrevia di 1 ora. Sotto la lingua glaciale del Rofenkarferner si attraversa il torrente Rofen e si sale al rifugio, 3 ore (senza utilizzo degli impianti di risalita). La funivia trasporto materiali conduce dai masi di Rofen al rifugio.
Traversate: Al Rif. Vernagthütte, 2755 m, 2 1/2 ore (sentiero Seufert); al Rif. Braunschweiger Hütte, 2758 m, 4 ore; al Rif. Taschachhaus, 2432 m, 4 ore. Le ultime due traversate sono su ghiacciaio per cui si consiglia vivamente l´uso della corda e di un adeguato equipaggiamento. E´necessario essere pratici della montagna!
Cime: Wildspitze, 3768 m: dal rifugio scendiamo verso nord-ovest attraverso il ghiacciaio Mitterkarferner al Mitterkarjoch, 3470 m, la sella più bassa tra la Hinterer Brochkogel e la Wildspitze. Più a nord il nostro sentiero gira a destra per la Wildspitze e raggiungiamo la cima da ovest, 4 ore. – **Attraversamento: Rofenkarjoch**, 3315 m – **Wildspitze**, 3768 m: dal rifugio saliamo al ghiacciaio Rofenkarferner (crepacci!) e raggiungiamo il Rofenkarjoch. Attraverso una lunga cresta ghiacciata eseguendo un grande cerchio raggiungiamo la vetta, 4 ore. – **Hinterer Brochkogel**, 3628 m: dal rifugio seguiamo il sentiero verso nord-ovest attraverso il ghiacciaio Mitterkarferner fino al Mitterkarjoch, 3470 m. Da lì saliamo alla vetta verso ovest attraverso la cresta rocciosa, 3 ore.

2) Rifugio Martin-Busch-Haus (Neue Samoarhütte), 2501 m (G 5-6), club alpino, CAP: A-6458 Vent, tel. a valle 0 52 54/81 30, aperto in primavera e in estate.
Accesso: A Vent il sentiero n. 923 (Ötztaler Jungschützenweg) devia verso sud nella Niedertal; camminiamo sulla destra del torrente Niedertalbach addentrandoci nella valle lungo una larga carrareccia, sorpassando un capanno di caccia e poi il Rif. Schäfer, 2230 m. Attraversando alcuni piccoli torrentelli si arriva al rifugio, 3 ore.
Traversata: Al Rifugio Similaun, 3017 m, 2 ore.
Cime: Kreuzspitze, 3455 m: dal rifugio si sale (direzione nord-ovest), attraverso i pendii passando per il Rif. Brizzihütte (in rovina) e attraverso i pendii di detriti a sud del Rotkarferner fino in vetta, 3 ore. – **Similaun**, 3599 m: dal rifugio camminiamo lungo il torrente Niederjochbach e poi attraverso l'omonimo ghiacciaio al Passo Niederjoch e al Rif. Similaunhütte, 3017 m. Da qui in direzione sud-est si sale gradatamente attraverso un pendio di ghiacciai lungo la cresta ed infine più ripidamente per la cresta ghiacciata alla vetta, $4\frac{1}{2}$ ore. Il sentiero più corto porta al Similaun attraverso la cresta Marzellkamm e il ghiacciaio Niederjochferner, 4 ore. – **Hintere Schwärze**, 3624 m: dal rifugio attraversiamo il torrente Niederjochbach e camminiamo verso est fino al ghiacciaio Marzell. Passando lo Schwärze e salendo sempre lungo il ghiacciaio (crepacci!), a nord della cima Marzell, infine più ripidamente alla cima, $4\frac{1}{2}$ ore . – **Mutmalspitze**, 3522 m: dal rifugio attraversiamo il torrente Niederjochbach e in direzione est saliamo alla lingua glaciale del Marzellferner, e là percorriamo in salita fino all'Hintere Schwärzenjoch, 3393 m (crepacci!). Attraverso la cresta rocciosa e ghiacciata in leggera arrampicata prima in direzione nord-ovest poi verso est si sale alla cima, 4 ore. – **Fineilspitze**, 3514 m: dal rifugio lungo il torrente Niederjochbach; da destra sboccano alcuni piccoli torrentelli. Presso il «Bild» svoltiamo a destra per giungere all'Hauslabjoch, 3283 m. Dal giogo si sale verso ovest attraverso la ripida cresta fino alla vetta, $3\frac{1}{2}$ ore.

3) Rifugio Similaunhütte, 3017 m (F 6), privato, I-39020 Certosa in Val Senales, tel. 04 73/66 97 11, (prefisso dall'Austria per l'Italia: 00 39). Proprietari: Fam. Pirpamer, Hotel Post, A-6458 Vent, tel. 0 52 54/81 19; aperto in primavera e in estate.
Accesso: Salita al Rifugio Martin-Busch-Haus (vedi ivi). Da lì si segue il sentiero n. 16, lungo il torrente Niederjochbach, attraversando alcuni torrenti laterali, sempre in salita. L'ultimo tratto del sentiero attraversa il ghiacciaio Niederjoch (confine di stato!), per il suo margine occidentale arriviamo al rifugio, $4\frac{1}{2}$ ore.
Traversata: Al Rifugio Martin-Busch-Haus, 2501 m, $1\frac{1}{2}$ ora.
Cime: Fineilspitze, 3514 m: dal rifugio camminiamo verso ovest lungo la cresta – presso il luogo del ritrovamento "dell' uomo di Tisenjoch" del III millenio a. C. – fino all'Hauslabjoch, 3283 m. Dal giogo in direzione ovest si sale attraverso la cresta ripida ed esposta alla cima, 2 ora. – **Similaun**, 3599 m: dal rifugio (confine di stato!) camminiamo in direzione sudest, con poca salita, lungo la cresta e arriviamo infine, sempre più ripido, attraverso la cresta di ghiaccio, alla cima innevata, 2 ore.

Salita ai rifugi da Rofenhöfe:
1) Rifugio Brandenburger Haus, 3274 m (D 4), club alpino, CAP:

A-6458 Vent, tel. 0 52 56/524 o tel. a valle 0 52 56/212, aperto in estate.
Accessi: a) Salita al Rifugio Vernagthütte (vedi ivi): dal rifugio il sentiero conduce attraverso il ghiacciaio Guslar all'Untere Guslarjoch, 3312 m, e più oltre attraverso il ghiacciaio Kesselwand al rifugio, 6 ore. – b) Salita al Rifugio Hochjochhospiz (vedi ivi): dal rifugio si segue il sent. n. 902 (sentiero Zentralalpenweg 02, sentiero Delorette) ad ovest della cima Guslar e si sale al Brandenburger Jöchl, 3246 m. Da lì si segue il sentiero attraverso il ghiacciaio Kesselwand fino al rifugio, 5 1/2 ore.
Traversate: Al Rif. Rauhekopfhütte, 2731 m, 2 1/2 ore; al Rifugio Hochjochhospiz, 2412 m, 2 1/2 ore (sentiero Delorette); al Rif. Pio XI alla Palla Bianca, 2542 m, 3 ore; al Rif. Vernagthütte, 2755, 2 1/2 ore.
Cime: Fluchtkogel, 3497 m: dal rifugio camminiamo verso est attraverso il ghiacciaio Kesselwand all'Obere Guslarjoch, 3361 m, e da lì verso nord alla vetta, 1 1/2 ora. – **Palla Bianca**, 3738 m: dal rifugio scendiamo al Kesselwandjoch (sentiero attrezzato) e attraverso il ghiacciaio Gepatsch verso sud al punto, 2999 m. Adesso si scende attraverso i precipizi della

Wildspitze, 3768 m, mit/with/con il Taschachferner

Vernaglwand e per la Vedretta di Vallelunga si sale al Weißkugeljoch, 3356 m. Da lì lungo il ripido fianco nord-est alla vetta, 5 1/2 ore . – **Weißseespitze**, 3518 m: dal Kesselwandjoch, a sud del rifugio, si attraversa il ghiacciaio Gepatsch possibilmente nelle zone più piane e in continua leggera salita verso sud; poi ci si volta ad ovest, e lungo la cresta (confine di stato) si raggiunge la vetta, 2½ ore.

2) Rifugio Hochjochhospiz, 2412 m (E 5), club alpino, CAP: A-6458 Vent, tel. 0 52 54/ 81 08, aperto in primavera e in estate.

Accesso: Lungo il Rofenache si cammina sul sent. n. 902 (sentiero Zentralalpenweg 02) fino alla prima biforcazione all'altezza, 2096 m. Lì ci teniamo a sinistra, rimanendo sul sent. n. 902 (sentiero Titzenthaler), e camminiamo dentro la Rofental, attraversando il torrente Vernagt e altri piccoli torrenti fino al rifugio, 2 1/2 ore.

Traversate: Al Rif. Brandenburger Haus, 3274 m, 2 1/2 ore (sentiero Delorette); al Rif. Bellavista, 2842 m, 2 1/2 ore; al Rif. Vernagthütte, 2755 m, 2 ore.

Cime: Palla Bianca, 3738 m: dal rifugio andiamo verso ovest dentro in valle sulla lingua glaciale dell'Hintereisferner e attraverso il lungo ghiacciaio, in leggera salita all'Hintereisjoch, 3460 m. Da lì lungo la cresta verso nord alla cima, 5 ore. – **Fineilspitze**, 3514 m: dal rifugio camminiamo in direzione sud; alla prima biforcazione giriamo a sinistra e andiamo attraverso il ghiacciaio Hochjoch all'Hauslabjoch, 3283 m. Dal giogo verso ovest attraverso la ripida ed esposta cresta in salita fino alla cima, 4 ore. – **Fluchtkogel**, 3497 m: dal rifugio camminiamo prima sul sentiero Delorette al Rif. Brandenburger Haus, 3274 m; da lì attraverso il ghiacciaio Kesselwand all'Obere Guslarjoch, 3361 m, e continuando verso nord al Fluchtkogel, 4 1/2 ore .

3) Rifugio Bellavista, 2842 m (D 6), privato, I-39020 Certosa in Val Senales, tel. 04 73/66 21 40 (prefisso dall'Austria per l'Italia: 00 39), aperto in estate e in inverno. Zona sciistica dei ghiacciai della Val Senales.

Accesso: Salita al Rifugio Hochjochhospiz (vedi ivi); da lì sul l'Arzbödele salendo fino alla lingua glaciale del ghiacciaio Hochjoch. Lungo questo al Rif. Zollhütte, 2861 m, e più oltre fino al rifugio (confine di stato), 5 ore.

Traversata: Al Rifugio Hochjochhospiz, 2412 m, 2 1/2 ore.

Cima: Palla Bianca, 3738 m: dal rifugio prendiamo il sentiero n. 5 che va verso ovest e che porta ad ovest del Teufelsegg sulla cresta. Rimaniamo sulla cresta e continuiamo sempre verso ovest attraverso lo Steinschlagjoch, 3222 m, all'Hintereisjoch, 3460 m; da lì verso nord alla cima, 4 ore.

4) Rifugio Vernagthütte (Würzburger Haus), 2755 m (E 4), club alpino, CAP: A-6458 Vent, tel. a valle 0 52 54/81 28, aperto in primavera e in estate.

Accesso: Lungo il torrente Rofenache si cammina sul sent. n. 902 (sentiero Zentralalpenweg 02) fino alla prima biforcazione all'altezza, 2096 m. Da qui la funivia trasporto materiali porta al Rif. Vernagthütte. Noi però giriamo a destra sul sent. n. 920, che ci porta sorpassando il Vernagtegg, lungo il torrente Vernagt, al rifugio, 3½ ore.

Traversate: Al Rif. Breslauer Hütte, 2844 m, 2 ore (sentiero Seufert); al Rif. Brandenburger Haus, 3274 m, 2 1/2 ore; al Rifugio Hochjochhospiz, 2412 m, 2 ore.

Cime: Fluchtkogel, 3497 m: dal rifugio saliamo sulla sinistra del vallo morenico del ghiacciaio Guslar all'Obere Guslarjoch, 3361 m, posto tra la Kesselwandspitze ed il Fluchtkogel. Saliamo però dal passo verso nord fino alla cima, 2½ ore. – **Wildspitze**, 3768 m: dal rifugio prendiamo il sentiero in direzione nord-est, attraversiamo il ghiacciaio Vernagt e arriviamo in tal modo al Brochkogeljoch, 3423 m, a sud della Petersenspitze. Dal passo si scende, sorpassando l'Hintere Brochkogel e a nord del Mitterkarjoch verso est alla Cima Wildspitze, 4½ ore. – **Hochvernagtspitze**, 3535 m: dietro il rifugio comincia un sentiero morenico in direzione nord-ovest; all'altezza della Hintergraslspitze arriviamo al ghiacciaio Großer Vernagt, attraverso il quale, sempre con poca salita, raggiungiamo la cima, 3½ ore.

ZWIESELSTEIN

Comune di Sölden (L/M 2), distretto di Imst, altezza s.l.m.: 1470 m. CAP: A-6450. **Informazioni:** Tourismusverband (Ufficio turistico), tel. 0 52 54/22 12 (510-0), fax: 31 31. **Stazione ferroviaria:** Ötztal-Bahnhof (43 km). **Collegamento autobus:** attraverso la Ötztal.

Il toponimo di Zwieselstein deriva da «Zwiesele = dividere in due»; qui la Ötztal si divide nei suoi due rami superiori: le valli Gurgler e Venter. La piccola Chiesetta di Maria Ausiliatrice venne edificata nel 1747/49.

LA VALLE PITZTAL

La stazione ferroviaria di Imst/Pitztal (linea Innsbruck – Arlberg) è nello stesso tempo punto di partenza per la seconda valle per grandezza delle Alpi Ötztaler. Per quasi 40 km si spinge nelle regioni montuose e viene defluita dal Pitze. Questo torrente, nutrito dai ghiacciai, ha dato il suo nome alla valle. Più l'escursionista si addentra nella Pitztal inferiore, più si avvicinano le montagne ad ambedue le rive. Da Mittelberg numerosi sentieri invitano a percorrere il «mondo fatato» dei ghiacciai e delle rocce. Sul ghiacciaio Mittelberg per tutto l'anno è a disposizione una zona sciistica. Attraverso la Pitztal si snoda il sentiero europeo E5 (vedi a pag. 45). Una delle più importanti personalità della Pitztal è Georg Matthäus Vischer (1628 – 96); era un famoso geografo e cartografo e visitò gran parte dell' Europa centrale.

MANDARFEN

Frazione del Comune di St. Leonhard Innerpitztal (F/G 1), distretto di Imst, altezza s.l.m.: 1675 m, CAP: A-6481. **Informazioni:** Fremdenverkehrsverband (Ufficio turistico), tel. 0 54 13/82 16 e 506. **Stazione ferroviaria:** Imst (36 km). **Collegamento autobus:** attraverso la Pitztal.
Impianti di risalita: telecabina, seggiovie e skilift.

Salita al rifugio da Mandarfen:

Rifugio Rifflseehütte, 2289 m (F 2), club alpino, CAP: A-6481 St. Leonhard, tel. 0 54 13/82 35 e tel. a valle 0 52 52/64 74, aperto in primavera e in estate.
Accessi: a) Si sale attraverso la Hirschtal, finché da destra sbocca il sent. n. 926 (Alta Via Cottbuser Höhenweg). Alla biforcazione giriamo a sinistra e arriviamo al ristorante in vetta, 2291 m, che si trova al di sopra del lago Rifflsee. Anche una telecabina conduce da Mandarfen al ristorante per cui la salita si accorcia di 2 ore. Poi camminiamo lungo il lago, lasciamo il Muttenkopf, 2344 m, sulla sinistra e arriviamo così al rifugio, 2½ ore. – b) Ci addentriamo nella Hirschtal e alla prima biforcazione svoltiamo a sinistra per salire, passando sotto la telecabina, al rifugio,

2 ore. – c) Dalla Taschachalpe una strada carrozzabile (divieto di transito) con tanti tornanti conduce lungo il torrente Seebach, al rifugio, 2 ore.
Traversate: Al Rif. Taschachhaus, 2432 m, 4 ore (Alta Via Fuldaer Höhenweg, vedi a pag. 46); al Rif. Kaunergrathütte, 2817 m, 4 ore (Alta Via Cottbuser Höhenweg, vedi a. pag. 46).
Cime: Rostizkogel, 3394 m: dal rifugio si segue la riva meridionale del lago di Rifflsee verso ovest e lungo il torrente Rifflbach si giunge alla prima biforcazione; giriamo a destra e passando per i Katzenköpfe arriviamo al Rostizjoch, 3033 m. Dal passo saliamo in direzione nord attraverso rocce ben gradinate e in leggera arrampicata raggiungiamo la cima, 4 ore.

MITTELBERG

Frazione del Comune di St. Leonhard Innerpitztal (G 2), distretto di Imst, altezza s.l.m.: 1736 m, CAP: A-6481. **Informazioni:** Tourismusverband (Ufficio turistico), tel. 0 54 13/82 16 e 506. **Stazione ferroviaria:** Imst (37 km). **Collegamento autobus:** attraverso la Pitztal. vedi anche sotto Mandarfen.
Impianti di risalita: «Pitz-espresso», funivia, seggiovie e skilift (zona scistica tutto l'anno).

Mittelberg è l'ultimo centro abitato situato in fondo alla Valle Pitztal, ai piedi della cima Mittagskogel, 3159 m. Il sentiero europeo E5 da qui si addentra nella zona alpina glaciale delle Alpi Ötztaler. Ancora attorno al 1850 Mittelberg si trovava a ca. 700 m dalla lingua glaciale dell'omonimo ghiacciaio. Una profonda porta glaciale s'inarcava sopra il Pitze che qui sgorgava dal ghiaccio. Ogni anno il parroco di St. Leonhard in occasione della festa di S. Anna (26 luglio) conduceva una processione fino lì. Da un pulpito, scolpito nel ghiaccio, chiedeva la protezione da devastazioni causate dal ghiacciaio. Ancora oggi le grandi morene laterali denunciano l'avanzata del ghiacciaio più di 100 anni fa.

Salita ai rifugi da Mittelberg:
1) Rifugio Braunschweiger Hütte, 2758 m (H 2), club alpino, CAP: A-6481 St. Leonhard im Pitztal, tel. 0 54 13/82 36 e tel. a valle 0 54 13/5 35, aperto in primavera e in estate.
Accesso: Il sentiero n. 918, che è identico al sentiero europeo E5, scorre lungo il Pitze. Il sentiero, ben costruito, ci porta al Gletscherstübele, 1891 m, da dove una funivia trasporto materiali sale al Rif. Braunschweiger Hütte. Noi però rimaniamo sul sentiero n. 918, intravediamo una cascata e arriviamo, passando per la lingua glaciale del ghiacciaio Mittelberg, fortemente ritiratasi, al rifugio, 3 ore.
Cima: Vedi pag. 51.

2) Rifugio Taschachhaus, 2432 m (E 3), club alpino, CAP: A-6481 St. Leonhard im Pitztal, tel. 0 54 13/82 39 e tel. a valle 0 54 13/82 20, aperto in estate.
Accesso: Si prende il sentiero n. 924, che ci accompagna nella Taschachtal e che scorre quasi sempre lungo l'omonimo torrente. Da entrambe le parti della valle sfociano continuamente piccoli torrentelli nel torrente Taschach. In continua salita il sentiero ci porta a quota 2043 m, da dove la funivia trasporto materiali sale al Rif. Taschachhaus. Noi però rimaniamo sul sentiero, che con tanti tornanti e attraversando il torrente Sexegertenbach sale al rifugio, 2 1/2 ore.
Traversate: Al Rif. Gepatschhaus, 1925 m, 4 1/2 ore ; al Rif. Breslauer Hütte, 2844 m, 6 ore; al Rif. Rifflseehütte, 2289 m, 3 ore (Alta Via Fuldaer

Höhenweg, vedi a pag. 46); al Rif. Braunschweiger Hütte, 2758 m, 4½ ore.
Cime: Wildspitze, 3768 m: dal rifugio seguiamo il sentiero Rimlsteig, che ci porta verso sud al ghiacciaio Taschachferner. All'altezza di ca. 2600 m attraversiamo il ghiacciaio pianeggiante in direzione del Brunnenkarkopf poi si sale lungo la dorsale morenica in direzione del Mittelbergjoch, 3166 m; per il proseguimento vedi sotto il Rif. Braunschweiger Hütte. – **Ölgrubenkopf**, 3392 m: dal rifugio camminiamo lungo il sent. n. 924, accompagnati dal torrente Sexegertenbach; in direzione sud-ovest fino al ghiacciaio Sexegerten. Seguiamo questo sentiero in salita fino ad un piccolo lago glaciale, che si trova ai piedi della lingua glaciale, che scende dall'Ölgrubenjoch. Giunti al lago giriamo a destra e attraverso detriti e ghiaccio arriviamo in vetta, 3 ore. – **Bliggspitze**, 3453 m: dal rifugio seguiamo il sentiero n. 924, lungo il torrente Sexegertenbach, in direzione sud-ovest all'omonimo ghiacciaio. Lasciamo a sinistra la lingua glaciale; attraversiamo il torrente e saliamo ripidamente dall'altra parte attraverso blocchi rocciosi al ghiacciaio Vorderer Ölgrubenferner e più oltre alla Bliggschartl, 3210 m. Poi continuiamo attraverso la sella verso nord e per pendii di detriti e ghiaccio raggiungiamo la cresta e la cima, 3½ ore.

Bliggspitze, 3453 m

PLANGEROSS

Comune di St. Leonhard Innerpitztal (F 1), distretto di Imst, abitanti (St. Leonhard in totale): 1.500, altezza s.l.m.: 1612 m, CAP: A-6481. **Informazioni:** Tourismusverband (Ufficio turistico), tel. 0 54 13/82 16 e 83 10, fax 83 49. **Stazione ferroviaria:** Imst (34 km). **Collegamento autobus:** attraverso la Pitztal.

Plangeross si estende largamente su un'area prativa, nel fondovalle della cima Mittagskogel, 3159 m. A ovest si dirama l'ancora incontaminata Plangerosstal, con il monte più alto, la Cima Watze, 3532 m. Plangeross è l'ultima comunità di fedeli della valle. Il luogo venne menzionato già nel 1370 come «Plancherous».

Salita ai rifugi da Plangeross:
1) Rifugio Chemnitzer Hütte, 2328 m (G 1), club alpino, CAP: A-6481 St. Leonhard im Pitztal, telefono a valle 0 54 13/2 26, aperto in estate.
Accesso: Si parte dal parcheggio situato tra Weißwald e Plangeross e si sale con il sentiero n. 911, lungo il torrente Kitzlesbach, con tanti tornanti ripidamente al rifugio; sullo sfondo si estende il circo glaciale Weißmaurach, 2 ore.
Traversata: Al Rif. Braunschweiger Hütte, 2758 m, 10 ore (Alta Via Mainzer Höhenweg, solo per esperti, vedi a pag. 46).

2) Rifugio Kaunergrathütte, 2817 m (E 1), club alpino, CAP: A-6481 St. Leonhard im Pitztal, tel. 0 54 13/82 42, aperto in estate.
Accesso: Si sale per alcuni tornanti ripidi lungo il sentiero n. 927 fino alla cascata del torrente Luss e poi si continua attraverso la Plangerossalpe. Da sinistra sbocca il sentiero proveniente dal Rif. Rifflseehütte (Alta Via Cottbuser Höhenweg). Rimaniamo sul sentiero n. 927 e giungiamo attraverso pendii morenici al rifugio, 3$^{1}/_{2}$ ore.
Traversate: Al Rif. Rifflseehütte, 2289 m, 3 ore (Alta Via Cottbuser Höhenweg, vedi a pag. 46); al Rif. Verpeilhütte, 2025 m, 3 ore.
Cima: Watzespitze, 3532 m: dal rifugio scendiamo in direzione sud sul ghiacciaio Plangeross e attraverso questo in leggera salita verso la cresta Seekarlesschneid. All'altezza di ca. 2900 m svoltiamo bruscamente verso ovest e sulla ripida lingua glaciale a nord della marcata cresta a secondo delle condizioni, si sale ripidamente alla forcella tra il punto, 3501 m e la Cima Watze. Da lì in una stimolante arrampicata attraverso la cresta meridionale fino in cima, 4 ore. Attenzione: E' assolutamente necessario un equipaggiamento d'alta montagna e per ghiacciai.

LA VALLE KAUNERTAL

Nella Oberinntal, presso Prutz, il torrente Faggen sfocia nell'Inn. La strada si snoda per ca. 30 km attraverso la Kaunertal, il cui capoluogo è Feichten, fino al lago artificiale di Gepatsch e poi fino al ristorante sul ghiacciaio Weißseeferner (da Feichten strada a pedaggio). Il ghiacciaio Weißsee venne reso accessibile con vari impianti di risalita e quindi si è sviluppata un'ampia zona sciistica.
La Kaunertal defluisce il territorio nord-ovest delle Alpi Ötztaler; si offrivano condizioni favorevoli per la costruzione del lago artificiale di Gepatsch, nel quale sboccano le condotte forzate tanto da ovest (zona della cresta Glockturm) quanto da est (raccolta a sud di Mittelberg nella Pitztal). L'acqua raccolta viene portata tramite condotte alla centrale elettrica, che si trova verso l'uscita della valle, presso Prutz, per la produzione di energia elettrica. L'intero bacino idrografico consta attualmente di quasi 287 kmq. Gli estesi ghiacciai delle Alpi Ötztaler assicurano un costante approvvigionamento idrico. La centrale elettrica della Kaunertal è una delle centrali idroelettriche più grandi delle Alpi; è in funzione fin dal 1965.

FEICHTEN

Comune della Kaunertal (C 1-2), distretto di Landeck, abitanti (in totale): 600, altezza s.l.m.: 1289 m, CAP: A-6524. **Informazioni:** Tourismusverband (Ufficio turistico), tel. 0 54 75/292-0, fax: 292-9. **Stazione ferroviaria:** Landeck (26 km). **Collegamento autobus:** attraverso la Kaunertal.
Impianti di risalita: seggiovie e skilift.

La località di Feichten (originariamente «presso i Feichten» = abeti rossi) è l'ultimo centro abitato della Kaunertal e nello stesso tempo sede del comune, del quale fa parte anche il luogo di pellegrinaggio Kaltenbrunn. Il paese veniva colonizzato nel XIV sec. Grandi estese alpestri coprono gran parte del paesaggio della valle; nelle sue valli laterali e nei circhi glaciali trova il suo habitat un immenso patrimonio di selvaggina (anche stambecchi). Feichten si trova in un allargamento della valle su entrambe le rive del torrente Faggen. Da entrambi i lati si innalzano ripide montagne. La Chiesa Parrocchiale SS. Trinità (Hl. Dreifaltigkeit) venne costruita nel 1789 – 1792. Interessante è una visita al Talmuseum (museo della valle) Kaunertal (Sezioni di: miniera, caccia, suppellettili delle case dei contadini, sviluppo dell' alpinismo, lavorazione del lino e della lana).
Nel fondovalle si erge la luccicante e ghiacciata Cima Weißsee, 3518 m. I dintorni sono ricchi di cascate. Da Feichten l'ottima strada a pedaggio conduce al lago artificiale di Gepatsch e più oltre alla zona sciistica dei ghiacciai della Kaunertal, che si estende in una bellissima posizione sul ghiacciaio Weißsee.

Salita ai rifugi da Feichten:

1) Rifugio Brandenburger Haus, 3274 m (D 4), club alpino, CAP: A-6458 Vent, tel. 0 52 56/524 e tel. a valle 0 52 56/212, aperto in estate.
Accesso: La salita inizia presso il Rif. Gepatschhaus (vedi ivi) fino al Rif. Rauhekopf (vedi ivi). Da lì si continua sul sentiero n. 902 (sentiero Zentralalpenweg 02) ad est del Rauhen Kopf, 2989 m. Il sentiero porta, in continua salita, attraverso il ghiacciaio Gepatsch (attenzione crepacci!) al rifugio, alle cui spalle si erge la cima Dahmann, 3397, 6 ore.
Traversate: Al Rif. Vernagthütte, 2755 m, 2 ore; al Rifugio Hochjochhospiz, 2412 m, 2 1/2 ore (sentiero Delorette); al Rif. Rauhekopfhütte, 2731 m, 2 1/2 ore.
Cime: Vedi pag. 55.

2) Rifugio Gepatschhaus, 1925 m (C 3), club alpino, CAP: A-6524 Feichten, tel. 0 54 75/2 15 e tel. a valle 0 54 42/6 38 14, aperto in estate e dietro accordi.
Accesso: Si arriva al rifugio attraverso una buona strada (da Feichten a pedaggio), che scorre prima lungo il torrente Faggen e poi dalla diga prosegue a est lungo il lago artificiale di Gepatsch.
Traversate: Al Rifugio Rauhekopfhütte, 2731 m, 3 ore; al Rifugio Taschachhaus, 2432 m, 5 ore.
Cime: Glockturm, 3353 m: dal Rifugio Gepatschhaus sul sentiero n. 902 (sentiero Zentralalpenweg 02) si cammina prima in direzione sud e dopo il Rif. Obere Birgalphütte in direzione ovest, passando vicino a due laghetti fino al Riffljoch, 3146 m, a nord del ghiacciaio Riffl. Dal giogo saliamo ripidamente sul sentiero verso sud attraverso la cresta e alla cima, 5 ore. – **Hintere Ölgrubenspitze**, 3295 m: dal rifugio la nostra escursione scorre lungo il sentiero n. 924, attraverso il torrente Ölgrubenbach, verso sud-est. In leggera salita il sentiero conduce fino all'Ölgrubenjoch, 3044 m. Dal giogo in direzione sud per campi di ghiaccio e blocchi rocciosi e attraverso la cresta ghiacciata alla vetta, 4 1/2 ore.

3) Rifugio Rauhekopfhütte, 2731 m (C 4), club alpino, CAP: A-6524 Feichten, tel. 0 54 75/2 15, aperto in estate.
Accesso: Dal Rif. Gepatschhaus (vedi ivi) lungo il torrente fino alla biforcazione, dove il nostro sentiero n. 902 (sentiero Zentralalpenweg 02)

svolta a sinistra. Attraversando alcuni piccoli torrenti si arriva alla lingua glaciale del ghiacciaio Gepatsch. Si attraversa questa lingua e poi lungo il sentiero si giunge al rifugio, 3 ore.
Traversata: Al Rifugio Brandenburger Haus, 3274 m, 3 ore.
Cima: Weißseespitze, 3518 m: dal rifugio sul sentiero n. 902 verso sud; alla nostra destra si erge il Rauhe Kopf, 2989 m. Alla prima biforcazione, posta già presso il ghiacciaio Gepatsch, giriamo a destra e con poca salita, attraverso il ghiacciaio, a sud del Zahn, 3377 m, arriviamo in cima, 3 ore.

ALTO ADIGE

Salita al rifugio da Melago:
Rifugio Pio XI alla Palla Bianca, 2542 m (B 5), CAI, I-39020 Curon nella Val Venosta, tel. 04 73/63 31 91, (prefisso dall' Austria per l' Italia: 00 39) aperto in primavera e in estate.
Accesso: Entriamo nella Vallelunga per il sentiero n. 2 fino alla Malga Melago, 1913 m. Da lì una funivia trasporto materiali conduce al rifugio. Noi però rimaniamo a nord del torrente Karlin e saliamo in tanti tornanti, sorpassando una sorgente, e arriviamo così al rifugio, che si trova al di sopra della lingua glaciale della Vedretta di Vallelunga, 2 $^{1}/_{2}$ ore.
Traversata: Al Rifugio Brandenburger Haus, 3274 m, 3 ore (sentiero Richter).
Cime: Palla Bianca, 3738 m: dal rifugio verso est e in leggera discesa alla Vedretta di Vallelunga. Si continua per il ghiacciaio fino alle rocce della Vernaglwand. Da sinistra sbocca il sentiero proveniente dal Rifugio Brandenburger Haus. Noi però andiamo a destra, passiamo sotto il giogo di Vallelunga e la cima Langtauferer fino al Weißkugeljoch, 3356 m. Da lì lungo il fianco nord-est ripidamente alla cima, 4 ore. – **Weißseespitze**, 3518 m: dal rifugio lungo il sentiero Richter verso est; a sud si estende la Vedretta di Vallelunga e a nord si ergono le pareti glaciali delle Langtauferer Eiswände. Alla prima biforcazione svoltiamo a sinistra e ci imbattiamo, dopo aver valicata la cresta (confine di stato), nel sentiero proveniente dal Rif. Brandenburger Haus (ghiacciaio!). Lo seguiamo verso nord-ovest e raggiungiamo così la cima, 3 ore.

Salita al rifugio da Plan:
Rifugio Plan, 2979 m (M 5), CAI, I-39010 Moso in Passiria, tel. 04 73/ 64 35 45, (prefisso dall' Austria per l' Italia: 00 39) aperto in estate.
Accesso: A ovest di Plan si trova la stazione a valle della funivia trasporto materiali che porta al rifugio. Noi però prendiamo il sentiero n. 6A, che conduce attraverso l'Untere Schneid, 2159 m, all'Obere Schneid, 2372 m, e al rifugio, 4 ore.
Traversata: Al Rif. Petrarca all'Altissimo, 2875 m, 3 ore (Alta Via di Plan).
Cime: Cima delle Anime, 3470 m: dal rifugio il sentiero porta direttamente verso ovest e sale ripidamente in vetta, 1 $^{1}/_{2}$ ora. – **Cima Rocciosa**, 3133 m: dal rifugio saliamo attraverso il ghiacciaio di Plan verso nord al Rotmoosjoch, 3055 m, e poi verso est alla vetta, 1 ora.

Numeri telefonici importanti in Austria:
Soccorso / Soccorso aereo: 144
Bollettino meteorologico: 05 12/28 17 38
Servizio segnalazione valanghe: 05 12/58 18 39

Hangerer, 3020 m, und/and/e lo Schalfkogel, 3527 m

Im Habachtal
Silberwurz
Rotes Kohlröschen
Steinadler
Epidot
Gemsen
Aurikel

Die Abbildungen stammen aus den KOMPASS-Naturführern
Nr. 1100 Alpenblumen, Nr. 1101 Alpentiere und Nr. 1106 Mineralien.

Lieber Wanderfreund,

KOMPASS ist ständig bemüht, die Qualität seiner Verlagsprodukte zu steigern. Vor allem Ihre **Korrekturhinweise und Verbesserungsvorschläge sind uns stets willkommen.** Sie helfen damit, die nächste Auflage noch aktueller zu gestalten. Bitte schreiben Sie an:

KOMPASS-Karten GmbH
Kaplanstraße 2, A-6063 Rum/Innsbruck
E-mail: kompass @ kompass.at
http: //www.kompass.at

Information in a hiking guide changes almost constantly in these fast-paced times, and the editors thus accept no liability for the guide despite having made every effort to ensure its reliability. As experience continuously shows, errors are never entirely avoidable. The editors are grateful for any corrections and suggestions you care to make. Please send these to the above address.

Poiché le indicazioni contenute in una guida escursionistica sono sottoposte a rapidi cambiamenti non ci assumiamo responsabilità alcuna per la veridicità delle indicazioni fornite. L'esperienza ci insegna che non possiamo escludere errori a priori. La Redazione ringrazia anticipatamente per ogni correzione o miglioramento che le perverrà all'indirizzo riportato in alto.

Bildnachweis/Photo credits/Elenco foto:
Titelbild Karte und Textheft/Cover photo for map and text/Foto di copertina sulla cartina e del libretto: Ötztal, Gletschertour/Glacier Hike/In cammino sul ghiacciaio (Österreich Werbung/Wiesenhofer)
Brugger S. 47; Oberarzbacher S. 41, S. 55, S. 61, S. 67; Röck S. 52; Mag. Schöpf S. 21; Dr. Teutsch S. 4, S. 34, S. 71; Tourismusverband Ötz S. 75.
Verlagsnummer 042
ISBN 3-85491-600-0

Anschlußkarten zur KOMPASS-Wanderkarte 042 Inneres Ötztal · Gurgler Tal · Venter Tal

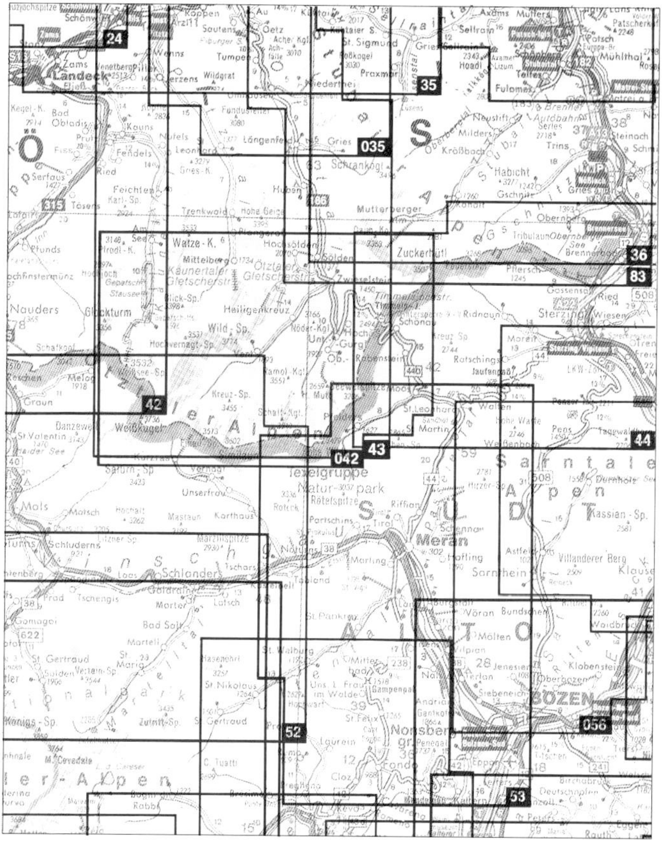

36 Innsbruck - Brenner 1:50 000
42 Landeck - Nauders - Samnaungruppe 1:50 000
43 Ötztaler Alpen 1:50 000
44 Sterzing/Vipiteno 1:50 000
52 Vinschgau/Val Venosta 1:50 000
53 Meran/Merano 1:50 000
83 Stubaier Alpen 1:50 000

Damit Ihr Aufenthalt in Tirol zum Erlebnis wird:

KOMPASS-Wanderbuch
902 Ötztal

ISBN 3-85491-600-0

9 783854 916000